# Inovação e traição

**Dados Internacionais de Catalogação na Publicação (CIP)**
**(Câmara Brasileira do Livro, SP, Brasil)**

Barros Filho, Clóvis de
Inovação e traição : um ensaio sobre fidelidade e tecnologia / Clóvis de Barros Filho, Adriano da Rocha Lima. – Petrópolis, RJ : Vozes, 2017.

Bibliografia.

ISBN 978-85-326-5646-9

1. Fidelidade 2. Inovação 3. Inovações tecnológicas – Aspectos sociais 4. Negócios 5. Relações sociais 6. Tecnologia – Filosofia I. Lima, Adriano da Rocha. II. Título.

17-09077 CDD-601

Índices para catálogo sistemático:

1. Tecnologia : Filosofia 601

CLÓVIS DE BARROS FILHO
ADRIANO DA ROCHA LIMA

# Inovação e traição

Um ensaio sobre fidelidade e tecnologia

VOZES
NOBILIS

Rua Frei Luís, 100
25689-900 Petrópolis, RJ
www.vozes.com.br
Brasil



---

*Diagramação*: Editora Vozes
*Revisão gráfica*: Nilton Braz da Rocha / Fernando Sergio O. da Rocha
*Capa*: WM design

ISBN 978-85-326-5646-9

Editado conforme o novo acordo ortográfico.

Este livro foi composto e impresso pela Editora Vozes Ltda.

# Apresentações

Ensaio importante e oportuno em um momento em que se vivencia uma grande revolução tecnológica e digital. Oportunidades de inovação disruptiva e empreendedorismo já impactam e impactarão ainda mais a vida de pessoas e instituições: inteligência artificial, *machine learning*, realidade aumentada, indústria 4.0, internet das coisas, automóveis elétricos e autônomos, moeda virtual, drones e muitas outras inovações irão mudar o mundo em curto espaço de tempo e com enormes reflexos socioeconômicos.

Observa-se o crescimento acentuado de *startups* especializadas no universo digital, promovendo grandes inovações, com impacto em toda sociedade e no ambiente de negócios. Cadeias de valor, distribuição e vendas sendo substituídas por novos processos com menor custo, maior competitividade e maior valor adicionado. Tudo isso dentro de uma economia mais criativa e especializada, fazendo com que oportunidades de negócio e de trabalho migrem das grandes empresas para as pequenas empresas, mais ágeis, desburocratizadas e inovadoras, que têm a sua disposição grande oferta de investimento de capital de risco para financiar suas soluções inovadoras.

Dentro de todo esse ambiente inovador, a economia e as relações sociais serão fortemente impactadas, trazendo novas e importantes questões éticas, empresariais e mercadológicas para serem debatidas pela sociedade.

*Carlos Henrique Moreira*
*Ex-Presidente da Claro*
*Ex-Presidente da Embratel*
*Ex-Vice-Presidente da Xerox do Brasil*

* * *

Nós todos vivemos hoje sob o império do novo, da novidade e da inovação. Mais do que nunca. Sabemos, entretanto, que o mundo e a vida de nossos antepassados sempre estiveram em ininterrupta transformação. Desde sempre. A gente é que vive mergulhado na ilusão de que a natureza, nossa casa, nossos familiares e nossos amigos são os mesmos e de que o passar dos dias não altera as coisas. Na verdade, tudo – nosso corpo, nosso mundo, nossa vida – não para de se transformar. Minuto a minuto. O que coloca para todos nós a exigência de acompanhar as mudanças de nossas vidas e as do mundo onde nos coube viver. Cada vez mais, as nossas vidas vão se transformando em um permanente espaço de inovação.

Se a mudança cotidiana da forma como vivemos é uma questão de sobrevivência, para todos, isso transforma-se em um destino para quem, como eu, escolheu viver no universo corporativo. E, neste mundo, onde a decisão pela inovação, informada pela ruptura com o passado e pela busca da descontinuidade, é quase uma obrigação, as coisas ficam mais difíceis. Porque temos sempre que alinhar a busca da inovação, que exige a ruptura com as práticas anteriores, com a fidelidade à nossa história, o respeito às convicções que defendemos no passado, sem nos afastarmos da busca da verdade. Este livro, *Inovação e traição – Um ensaio sobre fidelidade e tecnologia*, traz caminhos para que consigamos alinhar Inovação com Fidelidade, na procura da Integridade. Com certeza, ele vai ser muito útil para todos aqueles que hoje estão trabalhando, como executivos, no mundo corporativo.

*Wilson Ferreira Júnior*
*Presidente da Eletrobrás*

* * *

Ao colocarem lado a lado fidelidade e tecnologia, os autores nos apresentam um campo para discutir ética. Tecnologia é mudança por princípio. Consumidores de tecnologia não respeitam tradição, respeitam inovação. O livro nos ajuda a entender para onde direcionar a virtude da fidelidade. Se não é possível manter um vínculo eterno a um objeto, que pode se tornar obsoleto, podemos ser leais aos valores implícitos: aumentar a felicidade das pessoas, trazer conforto, eliminar a dor. No mundo dos negócios, podemos romper com produtos e processos, desde que sejamos fiéis aos nossos valores éticos, à nossa alma, para construir empresas que possam efetivamente contribuir com a sociedade.

*Paula Bellizia*

*Presidente da Microsoft Brasil*

# Prefácio

## O velho e o novo na Praia do Restelo

Camões foi testemunha da primeira modernidade. A expansão ultramarina dos séculos XV e XVI trouxera produtos, ideias e rupturas. Lisboa trepidava de coisas novas com cheiro de especiarias. A paisagem mudara com o Mosteiro dos Jerônimos. Em soneto célebre, o poeta escreveu:

Mudam-se os tempos, mudam-se as vontades,
Muda-se o ser, muda-se a confiança;
Todo o mundo é composto de mudança,
Tomando sempre novas qualidades.

As gerações de borda, como a de Camões, são as que foram formadas dentro de um sistema de valores e são lançadas em outro mundo. As aldeias mentais sucumbem a inovações variadas. Da mesma forma, hoje, os chamados *baby boomers* (nascidos nas décadas após a Segunda Guerra Mundial) formam uma imensa geração de borda. Pessoas com mais de 55 anos foram apresentadas, já adultas, a computadores e à internet. Jovens, nascidos no século XX, nasceram com a internet embutida no seu sistema límbico. Os *baby boomers* aproveitam, mas estranham as inovações. São tentados não ao louvor automático do "admirável mundo novo" de Shakespeare/Huxley, todavia a outros versos camonianos, à lamentação pessimista do velho da Praia do Restelo, aquele venerando pessimista que condenava a partida da expedição de Vasco da Gama como uma busca pelo novo que traria mais desgraças ao reino do que possibilidades:

Ó glória de mandar! Ó vã cobiça
Desta vaidade, a quem chamamos Fama!
Ó fraudulento gosto, que se atiça
C'uma aura popular, que honra se chama!
Que castigo tamanho e que justiça
Fazes no peito vão que muito te ama!
Que mortes, que perigos, que tormentas,
Que crueldades neles experimentas!

O velho e a encarnação do medo ancestral da mudança. Traveste o medo como crítica moral da fama e à ambição. De alguma forma, ele é o arquétipo da condenação a todo empreendedorismo. O jogo que Camões identificou entre os audazes argonautas de Vasco da Gama e a visão terrível de um futuro sombrio permanece até hoje. Ambíguo notar: tanto Vasco da Gama como o velho do Restelo estavam corretos. A glória e a desgraça do reino estavam na inovação.

Clóvis de Barros Filho e Adriano da Rocha Lima juntaram duas inteligências ágeis para pensar o desafio da inovação. As empresas pedem, o mundo quer, o mercado grita: inovar para sobreviver, criar para prosseguir, inventar para vender! O leitor não encontrará aqui uma apologia linear ao novo por ser novo, porém uma fascinante análise do que existe de bom e de perigoso no desafio de renovar ou inventar.

Tudo flui, advertia o melancólico Heráclito. Tudo sempre está mudando. Propor uma vanguarda parece ser uma saída inevitável para não ser atropelado. A discussão é atual, bem-feita e deve alcançar um grande público interessado em matizar frases simplistas de inovar a todo custo.

Mudar ou não? A pergunta contém infinitas ambiguidades estratégicas. Precisa de muita inteligência para distinguir os momentos e modelos de mudança. Ao ler o texto, tenho certeza, sua inteligência estratégica aumentará muito. Inovar pode ser bom, e manter pode ser viável. O que nunca muda? A necessidade de pensar sempre. Clóvis e Adriano lançam o desafio aos leitores para que pensem. Como dizem os autores: "O fato é que, se ficarmos na mesma, fazendo sempre o mesmo, ou se decidirmos virar a página para fazer como nunca tínhamos feito antes, a verdade é que estaremos sempre convidados a pensar criticamente, a usar a nossa razão prática para identificar a natureza do valor de nossas condutas". Inovar sem trair será uma alavanca poderosa para suas decisões!

*Leandro Karnal*
IFCH – Unicamp

# 1

A palavra inovação contém a palavra "novo". Toda vez que novo é mencionado, estamos diante de um atributo que merece a nossa atenção. Novo não é substantivo, não é substância. Assim, é preciso que algo seja novo. Para que você entenda melhor, a palavra amargo sempre se refere a alguma coisa com essa característica. Então, chocolate pode ser amargo. O chocolate é a substância, o amargo é o atributo.

Nem tudo pode ter o atributo de amargo. Um criado-mudo, por exemplo, ninguém dirá que ele é amargo. Portanto, amargo é um atributo que somente é adequado para algumas substâncias. Com a palavra "novo" ocorre o mesmo. Alguma coisa precisa ser nova. Uma substância que pode merecer esse atributo.

Assim, tal como no caso do amargo, algumas coisas podem ser consideradas novas, e outras, não. Um carro novo, por exemplo, eis aí uma substância adequada ao atributo ao qual analisamos.

Uma nova flor que brota. E esse exemplo já nos traz para o mundo da vida. Assim também, no nosso caso, falamos de uma conduta nova, um hábito novo, um procedimento novo, uma estratégia nova e, portanto, percebemos que o novo pode marcar enquanto atributo a nossa existência.

Mas o que está por trás dessa palavra? Quando pensamos em novo, o que imediatamente nos vem à mente? Talvez o que primeiro possa ser associado à ideia de novo é o diferente em relação ao imediatamente anterior. Assim, tudo o que é novo passa a existir de forma singular em relação ao estado anterior. Dessa forma, o lançamento de um carro novo, uma nova flor na floreira, ou um comportamento novo, trazem para o mundo algo que não existia até então. Porém, se levarmos a sério a ideia de que, no mundo, tudo já estava mais ou menos como está, as coisas sempre estiveram por aí, a matéria da qual se constitui o universo sempre foi mais ou menos a mesma – porque não é fácil imaginar nova matéria sendo introduzida no universo, vinda de fora, já que o fora seria, também, o próprio universo –, então somos obrigados a aceitar que o novo tem relação com o velho, que o novo nunca é radicalmente novo e que, talvez, não passe de uma reorganização do que já existia. Uma reaglomeração de matéria, mas de uma matéria que já estava por aí. Assim, uma planta nova é uma nova forma de manifestação da matéria a partir do que já existia. Uma criança nova, um carro novo, um prédio novo, um foguete, tudo não passa de um rearranjo face ao que sempre existiu.

Ora, talvez essa reflexão nos ajude a pensar a ideia de novo na vida, nas decisões, nas condutas, nos hábitos, nas estratégias. Talvez tenhamos que buscar no novo aquilo que é singular frente ao que existia, diferente mesmo, mas talvez tenhamos que entender o poderoso vínculo que liga o chamado novo ao que sempre existiu. Essa aparente ambiguidade representa, para nós, um grande desafio que terá que ser enfrentado ao longo das páginas que seguem.

# 2

Imagine que as coisas do mundo estejam em ininterrupta transformação, deixam de ser a todo o instante e passam a ser outras. Mesmo que você não consiga perceber tanta mudança nas coisas, saiba que o problema é de percepção. Assim, se você acha que deita todas as noites na mesma cama, equivoca-se. A cada nova noite de sono a cama, em parte, deixou de ser o que era, passou a ser outra, de certo modo. Se você acredita voltar para a mesma casa todos os dias é porque não consegue flagrar, dia a dia, hora a hora, instante a instante, as mudanças de tudo o que nos circunda.

Assim também é conosco. Nosso corpo e as células que o constituem estão em permanente alteração. Uma mudança que nunca para. As sensações que temos, nossos afetos, bem como as coisas que passam pela nossa cabeça, vão sendo produzidas de instante a instante, em um trânsito sem fim.

Se tivermos que pensar em alguma coisa que não mude, temos que tirá-la do mundo da vida e colocá-la em outro que transcende ao nosso. Em um mundo que não se choca, não se deteriora, não ressurge, não gera e nem se corrompe. Em suma, um mundo que não é o nosso.

Quando observamos um novo galho de uma árvore que um dia plantamos, o que fazemos é flagrar processos próprios à planta, seus fluxos vitais, suas deteriorações e suas gerações. Portanto, talvez pudéssemos arriscar que se só houvesse mundo e não houvesse a nossa inteligência nele, tudo seria apenas o que é, mudando o tempo todo. Dessa forma, o novo nada mais é do que alguma transformação que chamou a atenção do homem, alguma mudança que, por ter sido observada, mereceu a sua atenção. O resto é apenas a vida e seus fluxos.

O novo é uma constatação do espírito do homem. Só para ele o mundo apresenta novidades, que estão fora do nosso corpo, no nosso corpo, na nossa mente.

Usando um critério bastante antropológico, poderíamos classificar as mudanças no mundo em dois tipos: as que dependem de nós e as que não dependem de nós.

Assim, o céu azul é rapidamente tomado de nuvens, as águas do rio vão percorrendo pontos diferentes de sua margem a cada instante, os ares se deslocam acima de nossas cabeças, os oceanos se movimentam, e tudo isso poderia bem acontecer sem a nossa presença no planeta.

Mas há um tipo de mudança que decorre da intervenção do homem no mundo. No lugar do surgimento de um novo galho na árvore, o seu tronco é retirado do solo. No lugar do fluxo do rio, a barragem contém as águas, represando-as durante um certo tempo. No lugar dos ares em movimento, uma barreira de altos edifícios obstrui o vento. Então, as coisas do mundo mudam diferentemente do que mudariam sem nós. São mudanças pensadas, projetadas, desejadas, que passam primeiro pela mente do homem e, depois, se traduzem em alguma concreta intervenção sobre o mundo.

Ora, a palavra inovação está diretamente ligada a esse segundo tipo de mudança. Aquela decretada pelo homem. Imposta pelo homem ao resto do mundo. Resultante de uma elucubração primária.

O novo, embutido na inovação, é resultante de uma intenção humana de transformação das coisas do mundo.

O homem pode pensar em interceder sobre o mundo de maneira diferente do que sempre fez em função de resultados que pretenda alcançar. Resultados são consequências da ação do homem sobre o mundo, ocorrências que resultam da sua intervenção e que, por alguma razão, o homem, interveniente, deseja que se produza.

O homem pode pensar em agir diferentemente do que jamais fez para produzir sobre o mundo um efeito inédito, isto é, fazer advir o que ele jamais conseguiu ou, até, o que ninguém jamais havia produzido. Portanto, para dar causa ao inédito, uma conduta inovadora, distinta de tudo o que havia sido tentado antes.

Imaginemos um atleta que pretenda alcançar o seu próprio recorde, ou o recorde mundial. Ele sabe que, se mantiver os protocolos de treinamento, que são os seus, estará limitado a um resultado não desejado. Para baixar as suas marcas ele passa a treinar mais, ou diferentemente, recorrendo a outros protocolos e outras técnicas.

O mesmo se aplica a uma empresa que pretenda dar um salto na fatia de mercado, que costuma ser a sua, e, para isso, oferece novos produtos, novas formas de aquisição desses produtos, extensão territorial da presença dos mesmos no mercado etc.

Esse primeiro caso é o de inovar para alcançar o inédito.

Ocorre que nem sempre pretendemos o inédito. Muitos de nós, talvez, pretendamos que a vida continue da forma como está. Indivíduos reconciliados com a sua rotina, com os seus locais de trabalho, com seus entornos familiares, gostariam que nada mudasse muito. Talvez esses pudessem ser levados a acreditar que a iniciativa inovadora é descabida. Mas nem sempre. Mesmo para alcançar o que sempre alcançamos, talvez tenhamos que agir diferente.

Imagine um nadador que envelhece ano após ano. Para que ele possa manter suas marcas e consolidar a sua *performance*, terá que inovar nos seus protocolos de treinamento, sob o risco iminente da decadência.

Então, para conservar resultados, é urgente que consideremos a nossa própria deterioração, o que nos obrigaria a fazer diferente para alcançar o mesmo. Observo isso na minha própria atividade profissional. O envelhecimento impede de me impor como o fazia anteriormente, junto aos alunos, fisicamente. O envelhecimento me impede de manter o tônus durante quatro horas de aula. O envelhecimento me impede de manter a concentração durante tanto tempo, de tal maneira que, se eu quiser conservar resultados, precisarei inovar em minhas práticas, pois amanhã já não serei mais o mesmo.

Portanto, inovar é preciso, mesmo se não pretendemos, sempre, os recordes mundiais, ou nossos próprios recordes.

Não é apenas a nossa própria deterioração que exige uma sempre renovada prática, mas, também, as condições do mundo. Assim, aquele que diz: "Farei sempre o mesmo para alcançar sempre o mesmo", ignora que, talvez, para continuar alcançando o mesmo, tenha que fazer diferente por conta do surgimento de realidades que dificultam ou impedem aquele resultado, que não existiam antes, mas passaram a existir.

Assim, no âmbito interno de um ambiente de trabalho, o surgimento de um novo colaborador, mais jovem, mais antenado com o público consumidor dos produtos e serviços oferecidos, parece dar conta, sozinho, das atividades outrora realizadas por você. E, então, a mera conservação daquele emprego, como resultado, exigirá uma iniciativa desnecessária até o surgimento do indesejado concorrente.

No âmbito da competição entre as empresas, o surgimento de novos competidores dotados de condições de produção, por vezes, inigualáveis, competentes e ágeis na distribuição dos produtos, ancorados em economias de escala e capazes de reduzir preços a quase zero, exigem que, para a mera obtenção dos resultados de sempre, seja preciso uma verdadeira revolução dos procedimentos.

# 3

Quando você volta para casa, olha de relance a fachada do prédio onde mora, deixa o carro na garagem, entra no elevador, abre a porta de casa e encontra as pessoas que ali residem, você pode ter a impressão de que tudo continua como era no início do dia, quando você se despediu e saiu para o trabalho. Aliás, você tem a impressão que tudo isso continua muito parecido com o que era na semana passada, no mês passado. Vivemos contagiados por uma ilusão de que o passar dos dias não altera as coisas e as pessoas que povoam o nosso cotidiano.

A constatação de alguma mudança passa a depender de uma ocorrência inesperada que marca, de forma contundente, a ruptura com o *status quo*. Um terremoto, um incêndio, um acidente, o falecimento de alguém, nesses momentos somos chacoalhados pelo deixar de ser. Uma mudança explícita que esfrega na nossa cara a impermanência da vida.

Se tivéssemos melhores condições de observação, mais tempo, mais paciência contemplativa, mais acuidade sensorial, poderíamos, mesmo na premência do cotidiano, dar-nos conta de que algumas coisas se apresentam a nós diferentemente do que no dia anterior, ou mesmo na manhã daquele dia. Assim, o jardim do prédio, o germinar de uma nova planta, a erosão de um ladrilho, o puir da vestimenta de um zelador. E, se melhorássemos ainda mais nossa competência de observação, talvez flagrássemos, cada vez mais, as mudanças das coisas, o deixar de ser, e o surgimento de novas situações, novos cenários, novos corpos. Talvez, então, a impressão que as coisas nos deixam pudesse, pouco a pouco, fazer jus ao trânsito ininterrupto de suas modificações, tornando o nosso flagrante do mundo mais próximo do seu inapelável deixar de ser.

No entanto, talvez tenhamos que reconhecer que não é bem isso o que queremos. Talvez, pela impressão de que tudo continua como estava, nos traga alguma segurança. Segurança de já ter estado ali. Segurança de sempre estar ali. Segurança de conhecer bem os espaços, as coisas nele dispostas, e as pessoas que ali circulam. Segurança de dominar o real, limitando, assim, as chances de um encontro entristecedor. Por isso não só abrimos mão de perseguir uma observação mais rigorosa a respeito da mudança das coisas, como, bem ao contrário, fazemos questão de não dar muita bola para as eventuais alterações que possam ser objeto de nossa percepção. Dessa maneira nos protegemos, construindo, para nós, um cenário que nos é favorável pela sua estabilidade e certeza.

Essa mesma tendência de ignorar o "deixar de ser" é observada, ou podemos encontrá-la na relação que mantemos com outras pessoas. Se levássemos a sério que cada um daqueles que convivem conosco deixam de ser, a cada instante, é fluxo e trânsito, teríamos que cobrar-lhes uma reapresentação a cada novo encontro. Teríamos que admitir, ignorar aqueles com quem convivemos. Teríamos de aceitar que a cada novo retorno do trabalho nos deparemos com pessoas que não sabemos, a rigor, quem são. Gente que não sabemos em quem se transformou durante aquele dia. Então, fingimos acreditar que tudo permanece, que as pessoas continuam aquelas que sempre conhecemos, cujos atributos permanecem estáveis, e, com isso, nos damos o direito de abrir mão de cansativas investigações a respeito de todas as mudanças a que foram submetidas ao longo do período de nossa ausência. Essas pessoas, para nós, continuam sendo nossos filhos, nossa esposa, continuam tendo nomes, continuam tendo jeitos e características que nós simplificamos através de alcunhas como atrevido, serelepe, dinâmico, calado, tímido, e isso parece bastar para o engessamento aparente e sua consequente tranquilidade.

Assim, nós nos satisfazemos com meia dúzia de palavras a respeito daqueles com quem convivemos, palavras essas que dariam conta de algum tipo de essência imutável com quem estaríamos fadados a conviver. E isso bastaria para o nosso cotidiano que, sem maiores tropeços e contando com a nossa miopia, se faria protegido e imune dos sobressaltos que toda mudança costuma provocar.

Assim também é o entendimento sobre nós mesmos. Se imaginarmos que, desde que nascemos, nos apresentamos com o mesmo nome, durante anos a fio, definimo-nos em função de um ofício que permanece o mesmo, garantido por anos de estudo que nos concederam uma chancela em forma de diploma. Ainda, além de um nome, contamos com um sobrenome, um pertencimento familiar que permanece o mesmo por toda a vida.

Vínculos constituídos ao longo do percurso, como os matrimoniais, e que podem, em alguns casos, fazer parte da definição que normalmente damos de nós. Dessa forma, haverá quem, durante anos, repita que é casado com o Ernesto ou com a Ernestina, que é dentista, que estudou na USP, que mora em Moema e cujo pai foi um grande médico que lhe deu em legado: um sobrenome capaz de oferecer a potenciais clientes uma chancela legitimadora.

Somos forçados a constatar que, de um lado, nossos corpos – e com ele nossas sensações, nossas ideias, nossos afetos, nossas potências – não param, inapelavelmente, de se transformar, enquanto que as palavras que utilizamos para nos definir permanecem as mesmas durante anos, cavando um fosso, um intervalo, um *gap*, um delta entre o que oferecemos de nós, em forma de símbolo, que quase não muda, e a vida orgânica e energizada que levamos, que é só alteração, oscilação e mudança.

A nossa consciência é povoada por signos que são aprendidos no mundo, em relação com outras pessoas, na intersubjetividade. Isto significa que, se fosse outra a nossa inserção no mundo, ou seja, se nossa trajetória social nos constrangesse a encontrar pessoas diferentes das que encontramos, certamente os signos que passariam por nossa mente seriam outros, e pensaríamos, portanto, diferentemente. Dessa forma, somos obrigados a aceitar que nossos pensamentos não são uma produção inerente à nossa natureza, fruto de nossa essência. Mas, sim, resultam de uma maneira particular de estar presente no mundo e de uma vida social que, a cada segundo, poderia ser outra.

Então, podemos dizer que cada um de nós, desde o nascimento, é mergulhado numa polifonia, isto é, em uma verdadeira teia de enunciados, discursos, com seus porta-vozes e seus receptores. E cada um de nós, inicialmente observadores desse espetáculo semiótico, passamos a dele fazer parte atribuindo sentidos, de forma rudimentar, e enunciando, servindo-nos, aqui e acolá, de signos que circunstancialmente nos chegam.

Pouco a pouco a matéria-prima semiótica de que dispomos vai ganhando corpo, nossa competência para articulá-la vai se desenvolvendo e vamos nos tornando enunciadores efetivos e, assim, participando de maneira mais ativa desta rede que, agora, conta conosco para ir se tecendo.

Assim somos, ao mesmo tempo, enunciadores e enunciatários. É com base no que nos chega através de símbolos que articulamos nossas próprias mensagens. Não somos, portanto, nem geniais criadores que do zero constroem as suas falas, tampouco meros reprodutores, audiocopiadores do que ouvimos. Há, portanto, em todo ato de enunciação, uma dimensão criativa, mas que tem por base, por suporte simbólico, tudo o que circula no mundo das interações.

Se os discursos têm a sua gênese no mundo social e para ele voltam em manifestações criativas e inéditas, o mesmo se dá com um tipo particular desses discursos, que é aquele que nos define, que nos identifica e que, ao mesmo tempo, nos singulariza e nos faz pertencer. É o discurso da nossa identidade.

Contrariamente ao que proporia todo o senso comum, os elementos discursivos que utilizamos para nos definir não têm sua origem em um eventual conhecimento genuíno de si mesmo, mas, sim, na forma como aprendemos a nos definir ouvindo o que os outros pensam e manifestam sobre nós. Por isso, não somos soberanos detentores da nossa identidade, mas assistimos à sua construção e atualização ininterruptas, muitas vezes perplexos e, quase sempre, sem poder interceder decisivamente no seu curso. Certamente, se pudéssemos deter as rédeas de nossas próprias definições, todos seríamos tidos na mais alta conta. Não haveria apequenamento de notoriedade, gente malfalada, pessoa maldita.

Por isso vamos, ao longo de nossas vidas, aprendendo a nos definir. E a mesma sociedade que nos abastece de elementos de autodefinição também fiscaliza o seu uso, impedindo, assim, que num arroubo de autoconsagração e alambamento, caiamos na heresia de exagerar o valor positivo de nossos atributos. O mundo social não só nos diz sobre o que falar a nosso respeito, como falar sobre nós mesmos, e, ainda, vigia a extensão de nossas autoavaliações.

Assim, sabemos bem que se nos arvorarmos a dizer que somos os maiorais, os maiores do mundo, os insuperáveis, seremos, rapidamente, advertidos, quer por desautorizamento de fala, quer pela comum chacota – endereçada, tipicamente, a quem não tem noção e, indevidamente, se acha mais do que é.

Se no mundo a matéria muda, se transforma, deixa de ser, se rearranja, se reacomoda, se reaglutina – e tudo isso de forma ininterrupta – no mundo da vida de cada um de nós, cada segundo de existência é vivido em um corpo diferente: em um corpo que já não é mais o mesmo, que ainda não é outro, em suma, que deixa de ser a cada instante. Esse corpo que não muda também é o responsável por nossas elucubrações, nossas iniciativas, tomadas de decisão, reflexões e imaginações.

Assim, existe em todo o pensamento uma dimensão inovadora. Mesmo quando decidimos repetir, quando lutamos para conservar, quando fazemos questão de deliberar de forma rigorosamente idêntica ao passado, mesmo nesse caso, há a inovação. Afinal, aquele que hoje decide conservar o ontem não opera no sentido trivial do fluxo, mas resiste. A tomada de decisão que hoje imita o ontem é tomada de decisão em um tempo distinto da decisão passada, requerendo, portanto, um outro processo cognitivo e afetivo.

Insistir em fazer o mesmo não somente implica uma singularidade e uma ruptura como pode ser entendido como herético e revolucionário por quem avalia. Se alguma cadeia de *fast-food* decide repetir o mesmo sanduíche, em qualquer lugar do mundo, ao longo de décadas, ninguém dirá que essa decisão é desprovida de um profundo arrojo inovador.

Imagine que você encontre alguém que não conhecia. A relação começa no seu marco zero de tal forma que o agir de um para o outro é, nesse momento, uma infinita possibilidade. Como um não sabe nada do outro, como você não sabe nada sobre a pessoa que acaba de se aproximar, quase tudo o que ela vier a fazer é, em tese, possível. Poderíamos, então, afirmar que, nesse momento de imprevisibilidade, o comportamento do outro é pura contingência. Entendamos por contingência, aqui, aquilo que poderia ser diferente do que é. Nesse caso, poderia ser radicalmente diferente do que é para você, que ignora tudo daquela pessoa que acaba de se aproximar.

À medida que a interação acontece, o comportamento do outro vai nos abastecendo de informações que serão utilizadas como referência na antecipação de novos comportamentos. A título de exemplo, se, em um bar, alguém trata o garçom com amabilidade e respeito, pede que escolhamos primeiro o que vamos degustar, pede licença para ir ao toalete, tudo isso será usado como referência, tornando o comportamento vindouro progressivamente previsível. Nesse caso podemos afirmar que, ao longo da relação, a contingência, a imprevisibilidade a respeito do comportamento do outro, para nós, tende a diminuir. Ainda assim, para além da polidez no trato, carecemos de informações mais fundamentais, mais essenciais a respeito daquele com quem estamos nos relacionando. Cabem, então, as perguntas: O que costumamos dizer para as pessoas, a nosso respeito, que satisfaz a curiosidade sobre nós? Que esclarece quem somos? Que tipo de informação de conteúdo propomos para dizer quem somos?

Esse tipo de esclarecimento é indispensável, pois, na falta dele, reinará uma insegurança perturbadora daquela relação. Imagine que você diga, sobre si, que seu corpo é um espaço de mitoses e meioses, que o seu coração bate, que o intestino peristalta, que o neurônio sinapseia, que o pulmão respira; que você é alto, que tem braços longos. Nada disso é mentira a seu respeito. Mas o leitor saberá: nada disso é decisivo para nos definir.

Temos, então, que aceitar que a informação que em definitivo nos definirá está relacionada com as nossas escolhas de vida, com o que decidimos para nós, com opções que fizemos, caminhos que escolhemos, estratégias que adotamos. Em outras palavras, tudo aquilo que na nossa vida poderia ter sido diferente, mas foi o que foi por nossa decisão, nossa deliberação, nossa escolha. Por isso, no final das contas, o que nos define é o que decidimos ser. É o que escolhemos para nós. Assim, se você afirmar "sou professor", essa informação atende mais ao anseio de meu interlocutor do que todas as propriedades do meu corpo, que em nada requereram escolha. Você é o que decidiu fazer da sua vida, ante infinitas alternativas possíveis.

Penso estarmos diante da inovação que nos é mais fundamental, afinal, não éramos aquilo que nos tornamos, nossas escolhas de vida são profundamente essenciais e inovadoras. Aqui, a existência tangencia a essência, porque, essencialmente livres, fazemos de nossa vida um permanente espaço de inovação, definindo-nos, traduzindo a cada passo escolhido a nossa essência.

A materialidade da inovação passa por articulações de pensamento, por ações e também pelo resultado dessas ações. Assim, é possível chamar de inovadora uma nova maneira de pensar, como a exegese do mundo, a partir de novos paradigmas; também podemos chamar de inovadora uma nova maneira de agir, e assim rompem-se protocolos, hábitos, guias de procedimentos, substituídas por novas práticas que poderão, ou não, se converter em novos hábitos. Finalmente, chamamos de inovador, também, o resultado dessas práticas, o produto, a consequência inédita dessa inovadora intervenção sobre o mundo.

É muito comum que alguns deem ênfase ao primeiro momento da inovação, o seu momento propriamente pensante. Outros, na sua parte executiva, prática, procedimental. Ainda outros no resultado final desses pensamentos e práticas.

O que precisa ser destacado é que, muitas vezes, somos levados a acreditar no valor positivo e intrínseco do que não existia antes, mas passou a existir. O novo, quase sempre, pela simples ruptura com o passado, ganha chancela de legitimidade fazendo crer na extinção dos vícios e de todas as tristezas a eles atreladas. A título de exemplo, imagine que a denominação *ancien régime* parece canalizar sobre o passado tudo o que queremos esquecer, e mais perto de nós a tal nova república parece apontar para o simples fato do "nova" para um futuro higienizado e livre das mazelas do que, até então, nos envergonhava.

Essa força simbólica da ruptura que a palavra "novo" parece dar corpo não resiste à pergunta que sempre podemos fazer: O que garante que um pensamento inédito, uma prática inédita ou uma produção inédita nos convenham, tenham valor superior ao que lhes precedia? Pergunta essa que nos remete a outras: Que referência poderemos usar para medir o valor do novo? Compará-lo com o valor do velho? E, com isso, avaliar se houve, ou não, o ganho com a substituição?

# 4

Quando você olha para alguma coisa porque ela lhe chamou atenção, é possível que você consiga, em um outro momento, imaginar aquilo que você viu. Assim, você acredita estar retomando na mente uma experiência. Aquilo que você viu está sendo representado por aquilo que você imagina.

A relação entre aquilo que passa na nossa mente e as coisas do mundo é complexa. É certo que não há equivalência. É certo, também, que não há igualdade, não há correspondência. Talvez porque as coisas que passem pela nossa mente tenham sido construídas por ela, pelo nosso corpo. Enquanto que as coisas do mundo têm outras origens.

Por outro lado, também é verdadeiro que alguma relação haverá entre o que imaginamos e aquilo que vemos. A natureza dessa relação é complexa, dado que, não havendo correspondência ou igualdade, que tipo de vínculo permite ligar o mundo fora de nós e o mundo dentro de nós?

Talvez, por isso, a palavra representação seja mesmo inadequada. Parece fotográfica demais, mecânica demais, sugerindo uma correspondência que sabemos não existir. Quem sabe, por falta de uma melhor solução, possamos conservá-la. Assim, estamos diante de um mundo fora de nós e um mundo representado por nós.

Aquilo que representamos pode ter, fora de nós, índole mais concreta, como, por exemplo, quando imaginamos nossa cama, um vaso, nosso veículo ou uma pessoa que conhecemos; ou pode ter índole mais abstrata, como quando representamos uma instituição, um governo ou, até mesmo, formas de organização jurídica – como o presidencialismo –, econômica e política – como o liberalismo ou o comunismo.

Essas coisas que passam pela nossa cabeça, chamadas, aqui, de representações, podem ser mais ou menos fielmente compartilhadas por pessoas que fazem parte de um mesmo coletivo e, portanto, interagem com intensidade. Assim, se é possível defender que o mundo é um para cada um, uma vez que ninguém vê o mundo como nós o vemos, e, talvez por isso, ninguém represente o mundo como representamos nós, é certo, também, que, convivendo, vamos nos apropriando de formas de representação do mundo aceitas e, muitas vezes, consideradas óbvias por aqueles que convivem conosco.

Possivelmente, é por isso que cheguemos à ideia de uma representação social, entendida como um modelo mental que está no lugar de coisas do mundo e da realidade, e que acabam sendo compartilhadas por muita gente.

Muitas vezes, por conta de nossa vida em sociedade, acabamos representando muita coisa do mundo sem nenhum tipo de experiência direta com o objeto representado. Com certeza, na mente do leitor passará muita coisa: Turquia, Japão, socialismo, deste ou daquele governante da moda, um cantor, sem que jamais tenhamos tido contato direto com nenhuma dessas realidades. Isso nos obriga a aceitar que nossas representações superam, e muito, nossas experiências. Podemos compartilhar – e compartilhamos – representações como consequência direta de nossa socialização, de nossa inserção no mundo social e da posição que ocupamos neste mundo.

Algumas representações decorrem de experiência imediata impossível. Assim são as ideologias: representações que têm como objeto um mundo ideal e, portanto, necessariamente estão no lugar de coisas que não existem.

Do mais concreto ao mais abstrato, a mente ou a consciência, com a matéria-prima que lhe é familiar, os signos, faz o que pode para construir realidades simbólicas que mantenham relação mais ou menos clara com o mundo que lhe serve de objeto.

As representações sociais, ainda que compartilhadas por muita gente, não excluem outras concorrentes, isto é, outras formas de imaginar, de maneira compartilhada, aquele mesmo objeto. Se pensarmos na realidade de uma universidade pública para além do que ela é no mundo, haverá muitas construções mentais compartilhadas sobre seu funcionamento, sua estrutura, seus objetivos, formas de captação de recursos, maior ou menos seletividade no ingresso, critérios de recrutamento de docentes e discentes, e por aí vai. Assim, podemos flagrar, em um mesmo universo social, uma, duas, três ou até mais representações distintas sobre o mesmo objeto.

A pluralidade dessas representações pode ensejar conflito, afinal, a existência de diversas representações denuncia a falta de veracidade de todas as demais, produzindo desconforto, ou, como querem os psicólogos, dissonância cognitiva. Por isso, raramente representações distintas convivem harmonicamente. Elas acabam enfrentando-se, e seus porta-vozes lutam por vê-las triunfar.

Daí a tendência a representações hegemônicas. No embate ininterrupto entre distintas representações de mundo, a vitória de uma sobre outras acaba indicando o triunfo dos interesses de seus porta-vozes e a consagração dos entendimentos vitoriosos como indiscutíveis, evidentes.

Ainda é comum, em material didático de Ensino Médio, encontrar a concepção contratualista da sociedade como fundamento indiscutível da sua definição. Aí nos deparamos com assertivas do tipo "a sociedade é uma reunião de indivíduos que decidiram viver juntos para alcançar fins que, não fosse coletivamente, não poderiam ser alcançados". Tudo isso parte de uma premissa: a anterioridade lógica e cronológica do indivíduo sobre a sociedade. A existência de alguém, e mais alguém, e mais alguém que viviam, pensavam e sentiam no seu isolamento, e cogitaram uma vida compartilhada, e, assim, algum ganho recorrente.

Essa concepção contratualista da sociedade é desmentida pela sua experiência, caro leitor, que, quando nasceu, já foi levado para uma casa, no seio de uma família, numa cidade, num país, com gente que já vivia, que já se aproximou de você falando um idioma já estabelecido. Assim, você, leitor, assim como eu, quando nasceu já encontrou uma realidade dada, uma sociedade que lhe antecedia, da qual você foi convidado a fazer parte, de certa forma, desde que aceitasse todos os protocolos que lhe converteriam em mais um.

Nesse caso, nossa experiência parte de premissa invertida. A mim, ninguém consultou se eu queria viver em sociedade. Não sei quanto a você. Quando eu me dei por mim, já me chamava Clóvis, tinha atributos de personalidade, balbuciava palavras em português, tinha sido alimentado segundo critérios da época, já era filho único, já era introspectivo, já era triste, já era fechado, já era esquisito. E, tudo isso, segundo os outros. Tudo isso vindo de fora. E aí, leitor, você se dá conta de que é possível problematizar a definição contratualista e sugerir reflexão contrária: a sociedade é lógica e cronologicamente anterior ao indivíduo. E é porque ela existe que o indivíduo é. E, se somos o que somos, é em função de uma trajetória social, inscrição social, processos de socialização a que fomos submetidos quase que sem nenhum tipo de manifestação de vontade.

A partir da crítica à postura contratualista e a certeza de que podemos entender muito da vida a partir de variáveis sociais que se apresentam como dados da realidade é que acaba surgindo a sociologia. Desencantadora, por vezes, mas surpreendentemente esclarecedora, quase sempre.

Há uma tendência a que porta-vozes dominantes, em seus espaços sociais, façam triunfar suas representações de mundo em detrimento de outras mais frágeis, defendidas por porta-vozes com menos recursos. Assim, explica-se uma relativa estabilidade de algumas representações sociais, não necessariamente pela sua pertinência ou veracidade, mas pelo poder de que dispõem aqueles que as compartilham em fazê-las triunfar. É por isso que, nos mais variados espaços de relação entre pessoas, é difícil que um jeito inovador de pensar, de agir e de sentir se instale, pois contará sempre com a oposição dos que de tudo farão para conservar um certo *status quo*.

Dessa maneira, ainda que a palavra inovação tenha se tornado bandeira repetida exaustivamente, toda a tentativa de implementação inovadora é custosa, porque pressupõe vitória sobre agentes e representações sociais dominantes até aquele momento.

A natureza social das representações sugere, em contrapartida, a impossibilidade de representação social eterna ou universal, isto porque essas representações serão sempre gestadas no seio de determinado grupo, que vive em determinado lugar, num determinado momento histórico. Essas representações, ditas sociais, têm sua gênese e seus pontos de mudança sujeitos a processos comunicativos e, portanto, intersubjetivos, tecidos nas relações entre os agentes de um determinado grupo.

Como já reiteramos, a relação entre o conteúdo dessas representações e a realidade que tem por objeto é incerta e imprecisa. Ainda que a realidade possa ser arrolada como prova da pertinência de uma certa representação, ou da superioridade de uma sobre outra, os processos em que essas representações são construídas são de natureza retórico-argumentativa e por aí se deixam explicar.

As representações não são um discurso, embora possam ser expressas discursivamente. São, em realidade, um saber, um tipo de conhecimento que estrutura percepções de mundo, permitem atribuição de sentido, conferem significado às sensações produzidas pelo mundo. Por isso a compreensão das representações sociais exige, por parte de quem se dispõe a entendê-las, mais do que a consideração dos discursos enunciados pelos que interagem sobre este ou aquele objeto. Supõe considerar, também, como esse discurso se adéqua às práticas, ações e comportamentos e em quais circunstâncias se transformam, a partir de quais processos históricos.

Talvez por isso, na hora de identificar as causas da relativa inércia das formas de pensar, da dificuldade suprema em subverter, quem sabe estejamos negligenciando, ou subestimando, a imensa rede social e semiótica que se transforma segundo ritmos, nem sempre afinados, às pretensões de lucro.

O leitor poderia sugerir que acima da particularidade das tais representações sociais, sempre à mercê do tempo e do espaço em que vão sendo constituídas, haveria um jeito certo de pensar, universalmente indiscutível e regido pela lógica. A lógica, portanto, talvez pretenda, para além de todo perspectivismo histórico e social, definir um protocolo de pensamento válido em qualquer tempo e lugar. Lembramos ao leitor, ante tão pertinente ponderação, que a lógica de fato define as leis do pensamento, mas, não por isso, consegue impô-las junto ao homem pensante.

Assim, somos todos capazes de pensamentos lógicos, estruturados segundo métodos de impecável coerência, mas, ao mesmo tempo, somos capazes de elaborar pensamentos contraditórios por intermédio de atalhos inconsistentes, violentando toda a lógica mais elementar.

A formação e modos de enunciação desses registros, objetivados em discursos específicos, dependem de fatores sociais, dos interesses em jogo, das estratégias de conservação e subversão, dos conflitos e das alianças.

# 5

Quando você vai ao cinema, alguém pode lhe perguntar: "O filme já começou?" Você, então, olha para a tela. Assim temos a certeza de ver o filme lá onde ele está passando, na grande tela do cinema. Acabado o filme, saímos do cinema e continuamos vendo as coisas. Seria justo continuar acreditando que vemos as coisas onde elas estão. Vejo o carro onde o carro está, vejo a árvore onde a árvore está, vejo as pessoas ao meu lado onde elas estão.

Atenderia bem o cotidiano e o senso comum acreditar que o flagrante do mundo se dá no mundo. Mas o leitor se lembrará do seu Ensino Médio, talvez até antes, em aulas de Ciências no Ensino Fundamental, quando, pela primeira vez, lhe disseram que o que vemos do mundo não é bem o mundo, mas a luz que o reflete e nos atinge. Isso nos obriga a admitir que o flagrante do cinema e das coisas do mundo não se dá lá, onde acreditamos estarem acontecendo, mas aqui, bem mais perto, no nosso corpo, em nós.

Graças aos olhos, vemos as coisas. E o mais fascinante é que o encontro visual com essas coisas se dá nos olhos mesmos, em nós. Assim, os olhos são mais do que um instrumento que flagra o mundo como ele é ou onde ele está. Os olhos são responsáveis por definir o que vemos, como vemos, onde vemos, na cor que vemos, nas dimensões e na topografia que vemos.

Fossem outras as condições materiais do nosso aparato visual e outro seria o resultado da nossa visão, isto é, o mundo se apresentaria a nós de outra forma.

Assim, há um ano e meio, as complicações da vida me levaram a perder um dos olhos. As células da retina morreram. Passei a ver o mundo com o que sobrou que, sobrecarregado, acusou o golpe. E, assim alterado o meu aparato visual, o mundo foi se apresentando diferente para mim. O mesmo aconteceria se, subitamente, tivesse três olhos, cinco, ou um só, mas potentíssimo. Quem sabe duzentos ou dois mil. Novas condições de visão, e o mundo muda.

Dessa forma, para o senso comum, basta acreditar que a mesa é mesmo como a vemos. Basta também acreditar que quem enxerga perfeitamente vê o mundo como ele é. Mas, para nós que podemos andar um tiquinho além desse senso comum, temos que considerar, desde já, que o mundo só se apresenta com a aparência que tem porque temos esse esquisito e particular jeito de vê-lo, com dois olhos, um de cada lado.

Tudo o que vemos, veríamos muito diferentemente se fossem bem outras as nossas condições de visão. Assim, leitor, observe que talvez a cadeira em que esteja sentado, que você intimamente acredita ser do jeito que você a flagra, se apresentaria de outra forma se os olhos fossem oito, a povoar a nossa face. Isso, talvez, nos obrigue também a considerar que, se temos diferentes aparências de mundo para diferentes aparatos perceptivos, como será o mundo de verdade? Não aquele que percebemos, mas o mundo como ele é, com ou sem a nossa percepção.

Imagine, leitor, a experiência de cinquenta pessoas em torno de um único objeto. Por que não uma vaca? Se pudéssemos registrar no mesmo instante aquilo que cada uma das pessoas está vendo ao contemplar a mesma vaca, nos daríamos conta de que, cada uma delas, tem da vaca uma experiência visual diferente. Poderíamos, então, dizer que, em função da perspectiva de observação, haverá uma vaca para cada observador.

Ora, não havendo coincidência possível na percepção visual do mundo, sendo, portanto, o mundo uma exclusividade visual de quem o contempla, sempre se poderá levantar a dúvida sobre a existência daquela única vaca que serve de observação a todos. Afinal, se cada um vê uma coisa, quem pode garantir que haja uma única coisa?

Esse perspectivismo que faz da nossa percepção visual uma singularidade também nos condena a certo isolamento; afinal, se nos limitarmos à percepção visual do mundo somos obrigados a aceitar que cada um vive no seu próprio mundo.

Assim, para que haja alguma coincidência, concordância, identidade entre várias pessoas quando refletem ou quando falam sobre as coisas do mundo, essa coincidência exige, de todos, ir um pouco além da estrita percepção visual, da mera sensorialidade.

As diferenças de perspectiva que decorrem de distintos pontos de vista em relação a um objeto não esgotam a subjetividade perceptiva, o filtro do sujeito, do observador, daquele que percebe. Porque, se tomarmos a mesma pessoa em momentos diferentes, respeitando a mesma posição diante de um determinado objeto contemplado, encontraremos, novamente, percepções visuais distintas. Tudo isso porque essa tal mesma pessoa que observa, em dias diferentes, na mesma posição, só é a mesma pessoa para facilitar a sua vida e as suas relações. Na verdade, em outros dias, cada observador será, ele mesmo, outro, um outro corpo, com novas células, novas potências, novas experiências acumuladas, novas sensações, portanto.

O resultado da percepção visual de qualquer objeto não decorre da mera submissão mecânica do olho à luz que reflete o mundo. Se o olho é sim um instrumento relevante, todo o corpo participa da percepção visual. Assim, quando estamos tristes, o mundo que observamos, com os olhos que são os nossos, é distinto daquele observado pelo nosso corpo alegre, vitalizado, eufórico, confiante.

Dessa maneira, tudo aquilo que é percebido visualmente ainda depende, um pouco, das suas características objetivas, dos seus atributos, mas depende, extraordinariamente, do observador e seu estado no instante da observação, razão pela qual se torna impossível simplesmente repetir uma experiência. Isso exigiria o encontro de um mesmo mundo com um mesmo observador. Ambas as condições são uma impossibilidade. O mundo observado amanhã será outro, e o observador desse mundo também. Então, nenhum instante de vida autoriza experiência repetida, volta, regresso, reprodução. Existir é inclinar-se para o inédito, para o devir, para o nunca antes observado, para um corpo que nunca tinha existido até então.

O leitor perguntará: "Mas e a ciência? E a arrogância dos médicos, dos fisioterapeutas, dos nutricionistas, dos biólogos?" Bem, a filosofia da ciência nos ajuda a defini-la como sendo não a verdade sobre o mundo, mas, justamente, a assertiva refutável a respeito do mundo. A ciência é justamente aquilo que pode ser desmentido, jamais aquilo que dá conta da realidade através de suas leis.

O espetáculo perceptivo visual que o mundo nos proporciona é, portanto, relativo ao estado de espírito do espectador, ao estado de espírito do observador que vê no instante mesmo em que vê.

Assim, um eventual afeto de tristeza, de queda de potência, pode determinar o produto final da operação visual. O peso dos sofrimentos desencadeia um olhar pessimista, derrotista, lamentativo.

Dessa maneira, o corpo participa do ato de ver junto com os olhos, tanto quanto os olhos, também marcados pela tristeza do resto, contemplam, tristemente, o mundo que se apresenta a eles.

Mas o mundo não é feito somente de observadores tristes. Haverá os apaixonados. Lucrécio, em seu poema "*De rerum natura*", já destacava a miopia dos apaixonados. Um corpo apaixonado enxerga o mundo que a ele se apresenta com lentes deformadoras, fazendo-o ver o que não existe.

Assim, a mirada enviesada deforma o objeto da paixão, interpretando favoravelmente o defeituoso. Mas não só: o corpo apaixonado continua assim mesmo quando o amado já partiu. Dessa forma, todo o resto se apresenta aos olhos e é submetido às deformações próprias de um corpo que vê o que ninguém mais vê.

Para Lucrécio e a grande maioria dos filósofos esse estado de encantamento apaixonado está longe de configurar vida boa ou felicidade. Entre outros argumentos, o apaixonado é afetivamente dependente do objeto da sua paixão. Objeto da paixão que também dela é causa. E a dependência afetiva escraviza, tira de quem vive o controle, as rédeas, a direção, a autonomia. Só por isso a paixão já é vista com desconfiança, se não como uma doença.

Muita coisa poderia ser levantada para defender os apaixonados; afinal de contas, se toda a contemplação do mundo é submetida a um crivo das condições da observação e do estado anímico do observador, não veremos mesmo o que existe, já que o que vemos no mundo pode nada ter a ver com o mundo, pois ainda prefiro a heteronímia apaixonada à autonomia melancólica, depressiva e suicida. Mas isso sou eu. E, aqui, sou ultraminoritário.

# 6

Não sei se o leitor já observou uma criança que começa a andar. Para além da fragilidade que enternece, sobretudo quando há amor, é impressionante o despreparo, o desalinho e o mau jeito das primeiras tentativas. Mas, dia a dia, há aperfeiçoamento. A criança parece trazer para o dia seguinte as conquistas do dia anterior. Os músculos parecem guardar uma memória das *performances* bem-sucedidas do passado.

Ao cabo de algum tempo, todos nós andamos. Andamos sem pensar, andamos sem refletir. Andamos por andar. Nossos passos parecem se atualizar, trazer para o presente uma verdadeira trajetória pretérita de tentativas de desacertos e conquistas parciais. Assim, também o jogador de tênis que golpeia a bola, ele o faz a partir de uma memória que atualiza, em um único instante, numa verdadeira síntese passiva, milhões de operações semelhantes realizadas à guisa de treinamento.

O nosso jogador Oscar Schmidt, chamado por muitos de "mão santa", redargue com convicção: "Mão santa, não; mão treinada". E cada arremesso de três pontos atualiza e sintetiza, em um único segundo, milhões de arremessos realizados nos horários de treino, e também nos horários de folga.

O futebolista quando golpeia a bola na cobrança de uma falta, fazendo-a superar a barreira e alcançar o canto do gol fora da possibilidade de defesa do goleiro, ele também, ao golpear a bola, não o faz segundo estratégia conscientemente deliberada no momento da cobrança; mas materializa, naquele segundo, anos de cobrança de falta em momentos de menor *glamour* e menos decisivos.

Assim, podemos dizer que toda a nossa vida prática está atravessada por hábitos. Hábitos que nos permitem realizar, no instante mesmo, do presente da vida de carne e osso, uma espécie de resgate inconsciente e nada estratégico de tantas outras práticas que autorizam a *performance* atual.

O hábito do motorista que um dia já precisou calcular cada movimento do câmbio, cada intervenção na embreagem, mas que hoje o faz conversando sobre outra coisa, falando ao celular, pensando em outras coisas, o faz mecanicamente, no piloto automático.

Os nossos hábitos decorrem de práticas reiteradas, da repetição que se dá no mundo da vida em que vamos vivendo. Portanto, os universos sociais aos quais pertencemos acabam sendo decisivos na definição daquelas práticas costumeiras que, naquele espaço de relações, é legítima, aceita, considerada obrigatória e necessária.

Assim, no mundo dos jornalistas, identificar o fato que merece manchete é obviedade compartilhada por todos e que decorre de uma repetição diária, também operada por todos. Hábitos que, por serem repetidos por muitas pessoas, ganham auréola de verdade indiscutível, de obviedade, de evidência.

Desse modo, entre os esportistas, as práticas repetidas se tornam de tal maneira evidentes e indiscutíveis que garantem a construção de uma fronteira simbólica que separa os de dentro – ditos praticantes – e os de fora, excluídos com um jargão mais ou menos preconceituoso.

Os hábitos e as práticas repetidas roboticamente serão cobrados na vida em sociedade, como são os da etiqueta, diferenciando o bem-educado, o fino, o bem-nascido, do grosseiro, do rude, do brega, do sem-noção. Perceba, caro leitor, que para um livro sobre inovação, o coroamento dos hábitos é elemento que merece destaque; afinal de contas, muito pouco da nossa vida prática é pensado estrategicamente. Quase tudo é realizado no piloto automático, sem deliberação. Práticas dirigidas por uma orquestra sem maestro. Um mundo que se realiza sem que sobre ele precisemos pensar.

Toda a inovação implica uma vitória sobre o que é habitual, uma ruptura sobre o que se realiza sem estratégia. Uma reprogramação. Quem sabe, até um novo hábito, uma nova síntese que se sobrepõe à anterior. Assim, se nos habituamos a uma alimentação copiosa, uma reeducação alimentar exigiria uma decisão estratégica que só será eficaz se sair da estratégia e cair no hábito, na prática que dispensa pensamento. Porque, se tivermos que vencer, a cada dia, o hábito anterior, com decisões e deliberações, seremos condenados a uma guerra sem fim entre o que sempre fomos e o que, por alguma razão, decidimos ser ou nos tornar.

É por isso que a eficácia da vitória sobre um hábito exige um novo hábito, uma reprogramação, uma prática que se instala por cima da anterior. E é por isso que comer salada todo o dia é mais fácil do que comer salada uma vez por semana. É por isso que fazer ginástica todo o dia é mais fácil do que fazer ginástica uma vez por semana, pois tudo aquilo que se faz todo o dia pode cair na esfera do que se faz sem pensar.

Toda a aquisição de um hábito passa, necessariamente, por dois momentos. Primeiramente, aquela prática é implementada a partir de uma reflexão consciente. Imagine você, leitor, o aprendizado da condução de um veículo. Houve um tempo em que engatar a marcha após a pressão sobre o pedal da embreagem era uma sequência duramente refletida e somente depois executada.

Em um segundo momento, as práticas convertidas em hábitos vão, pouco a pouco, dispensando a consciência de suas sequências. Podemos, portanto, nos dispensar de pensar sobre o que fazer naquele momento e divagar sobre coisas distantes das práticas daquele instante.

Assim, tomamos banho, escovamos os dentes, escolhemos roupa para esta ou aquela ocasião, saímos de casa, optamos por um caminho em detrimento de outros, muito há de habitual nesse cotidiano, ou seja, de prática que um dia mereceu reflexão, mas que hoje dispensa qualquer pensamento.

A consolidação dessas práticas obedece uma lógica que vai além da intimidade de nossa lucidez moral; afinal, vivemos em sociedade e, ao agir, comunicamos muito ao mundo que nos cerca sobre quem somos, o que pretendemos, que troféus perseguimos, o que desejamos, o que sentimos etc.

Os espaços sociais que frequentamos são ocupados por diferentes agentes, mais ou menos bem-posicionados, detentores de maior ou menor recurso para alcançar o que pretendem. Assim, dizemos que nossa vida se dá em espaços estruturados, de posições ocupadas por agentes que foram, pouco a pouco, sendo adestrados a conseguir troféus em disputa, seguindo regras aceitas por todos. No interior desses espaços vamos observando os limites das ações possíveis, as fronteiras das estratégias autorizadas e a ação dos que já se posicionam como dominantes.

Dessa forma, com maior ou menor consciência disso, vamos incorporando certos jeitos de agir cuja lógica só pode ser plenamente entendida através de uma sociologia dos campos sociais e dos espaços de interação. Os hábitos acabam sendo, portanto, uma sinfônica de procedimentos que se organizam na ausência de um maestro. Convertem-se, então, em obviedade ou evidência, dada a ignorância, quase certa, de sua origem, e do grau de incompreensão das lógicas propriamente sociais que presidem a sua consolidação.

Assim, os hábitos são construções sociais que se objetivam ou se materializam nas práticas de agentes que, ao dispensarem toda a instância deliberativa, acabam fazendo crer na existência de uma natureza prática, de uma índole ou de uma segunda pele.

Afastada a hipótese de grave heresia, que implicaria a exclusão do jogo e da frequência aos espaços de interação, os hábitos respeitam as posições ocupadas por quem age, suas interações, suas alianças e suas reais condições para a obtenção dos troféus em disputa. Por isso, apesar da extraordinária avalanche ideológica que nos cobra subverter a cada segundo, podemos observar, aqui e acolá, na sociedade, uma forte resistência de conservação da ocupação de espaços, de posições e do exercício de poder.

Por mais que se refira a uma realidade fluida, líquida, pós-moderna, transitória e inapreensível, ainda assim é impressionante observar que, nos mais diferentes campos, os grupos dominantes dispõem de excelentes condições para continuar dominando de diferentes formas.

A mera disposição mais ou menos expressa de inovar e premiar a inovação continuará sendo uma simples e ingênua carta de intenções se as condições de estruturação dos espaços sociais forem conservadas. Porque os saberes práticos que garantem um trânsito mais eficaz na trajetória de interações, dentro desse ou daquele coletivo, são gestados a partir de linhas de força que classificam os agentes, reunindo-os e separando-os, construindo subgrupos e autorizando o que deve ou não ser feito, o que deve ou não ser dito.

Portanto, de nada adianta a horizontalidade aparente da queda dos muros, da queda das baias das salas dos chefes, dado que a proximidade física dos agentes, a maior ou menor facilidade para a aproximação e interação não eliminam, por si só, a distância social que separa os interlocutores. O abismo de capital específico e de poder que coloca cada um no seu lugar, mesmo garantindo encontros físicos sucessivos.

O fato de vermos hasteada, por onde passamos, a bandeira da inovação, não nos dispensa a reflexão crítica sobre a sua eventual impertinência.

Imaginemos em uma sociedade, com doze pessoas, das quais dez sejam torturadores. O triunfo do ponto de vista da maioria como solução para uma convivência harmoniosa implicaria, certamente, na eliminação dos dois remanescentes, menos afeitos a despertar a dor alheia.

Qual a validade de uma decisão, ainda que beirasse a unanimidade, sobre a eliminação de uma minoria étnica, religiosa ou portadora de alguma deficiência física?

Assim, em um famoso reinado dos contos de ficção, todos, sem exceção, enalteciam a beleza da vestimenta do rei. Um consenso absoluto, fundado na mentira e na hipocrisia. Só a criança, corajosa, denunciou: "o rei está nu". Os consensos podem ser injustos, mentirosos. O que, talvez, exigisse, para um bom resultado ético, uma adequada formação moral de princípios entre os debatedores.

Quando a polícia peruana prende o líder do Sendero Luminoso, a maioria da população, identificada em pesquisa de opinião, defende a pena de morte. Vargas Llosa levanta a mão e argumenta contra essa opinião da maioria. E, quando alertado de sua posição minoritária, responde, com firmeza, que a maioria está equivocada e que cabe à minoria lúcida a tarefa de explicar o porquê de a pena de morte ser uma aberração.

Se milhões de pessoas, em um determinado grupo social, padecem das mesmas patologias mentais, este gigantesco contingente não as torna sãs. Não há, portanto, vínculo de necessidade entre a verdade, a justiça, a beleza e qualquer outro valor, e a manifestação circunstancial de um grupo majoritário em detrimento de outro.

O que poderia haver de mais insignificante do que um homem locatário, efêmero de um planeta de quinta categoria, perdido em um rincão esconso e afastado do universo? Sua existência é um arroto entre o nascimento e a morte. Suas forças são nada, ou quase nada. Uma espinha de peixe. Um golpe mal-encaixado. Uma gota de veneno, ou o seu simples vapor, bastam para matá-lo. Invejoso, ciumento e angustiado. Até a razão, de que tanto se orgulha, nunca pôde salvá-lo. Ignora de onde vem, para onde vai, porque sente o que sente, porque teme o tanto que teme. Atravessado por incertezas e ilusões, sem nenhum ponto de alavanca para sustentá-lo.

Mas a consciência de ser miserável, de saber pouco e de ignorar quase tudo, já basta para colocá-lo em destaque, por cima do resto dos viventes. Basta, ao menos, para acreditar nisso. Nada no universo que pode matá-lo tem a consciência da sua finitude. E o homem, ciente de que morre, dá a volta e supera, em anos-luz, tudo o que lhe aniquila.

A consciência inverte, assim, a ordem dos valores. Dotado de pensamento, de inteligência e razão, o homem se vê investido de grandeza paradoxal, nascido e vivido na compreensão de sua própria pequenez.

# 7

Quais seriam os limites da inovação?

Para agir de forma distinta de um hábito é preciso algum tipo de formulação mental, de conjectura, de pensamento. Se ficássemos no piloto automático, certamente agiríamos como sempre, como de hábito.

Toda a inovação, portanto, requer algum tipo de decisão consciente a respeito da extensão da ruptura com as práticas anteriores. E, quando falamos em pensamento, certamente nos deparamos com uma infinidade de problemas.

É muito comum acreditar que a linguagem é a apresentação do pensamento, o seu empacotamento, a sua roupagem. Dessa forma, o senso comum reproduz a crença de que primeiro pensamos e depois conferimos ao pensamento a linguagem. Essa última permite a comunicação do pensamento e a sua compreensão pelo receptor do discurso, pelo interlocutor.

Acreditando nisso, muitos afirmam não conseguir transmitir o que pensam. Outros afirmam entender o que não conseguem explicar, reforçando a ideia de que o pensamento e o entendimento são uma coisa e sua materialização em discurso, outra.

Quantas vezes em arguições orais alunos afirmam saber a matéria, afirmam deter o conhecimento, ter compreendido a lição. Mas, por alguma razão, se veem incapazes, naquele momento, de formular um discurso. Novamente, estamos aceitando, implicitamente, que o pensamento e a linguagem são coisas diferentes e que, circunstancialmente, se veem reunidas por quem se dispõe a enunciar o que pensa.

Essa hipótese do senso comum merece reflexão. Talvez pudéssemos defender que o pensamento e o discurso sejam a mesma coisa e que, portanto, se não há condições de formulação de discurso em linguagem, é porque não há pensamento. Não há nada de novo no que acabo de relatar. Para os gregos, a palavra *logos* significa, ao mesmo tempo, discurso e pensamento. Portanto, confundiam as duas coisas.

Que o leitor me entenda: imaginemo-nos entrando em um transporte público qualquer, pode ser um ônibus. Você, sozinho, pensa: o ônibus está cheio, não há acentos livres para sentar. Ora, não há dúvida tratar-se de um pensamento. Mas esse pensamento, na mente, nada mais é do que uma sequência de palavras que podem ser ditas em voz alta. Mas o leitor concordará: aquilo que você pensa e não diz é o mesmo que você diria se houvesse alguém para lhe ouvir. Tanto que há aqueles que falam sozinhos. Eles verbalizam o próprio pensamento. E o pensamento nada mais é do que uma sequência de signos, de palavras. A mesma matéria-prima que usamos para pensar, usamos, também, para falar. Podemos então concluir que, se a linguagem é um limite para a comunicação, também o é para o pensamento. Se pensamos por intermédio de palavras, é natural que o nosso pensamento esteja limitado a esse vernáculo, a esse material semiótico.

Por isso, toda a revolução de pensamento, todo o pensamento inovador encontra uma barreira clara na linguagem usada por quem pensa. Se alguns pedantes afirmaram só ser possível filosofar em grego ou em alemão, talvez seja por conta do tipo de linguagem que autoriza este ou aquele pensamento.

Poderíamos chegar ao extremo de imaginar alguém completamente desprovido de código linguístico. Ele estaria, portanto, impossibilitado de pensar. Talvez por isso que toda a grande revolução de pensamento se deixa acompanhar de outra revolução paralela: a da linguagem. Daí a incompreensão inicial de toda a proposta inovadora: a falta de repertório compartilhado, a falta de comunidade semiótica que abrigue a nova assertiva.

# 8

Toda a moral é uma relação. Uma relação entre o eu e o eu. Entre o si e o consigo. Assim, agir moralmente é considerar, na intimidade, os interesses do outro. Mas tudo isso sem que ninguém precise saber, sem que, como diz Platão, os deuses e os homens saibam. A moral não é um negócio, não visa recompensa nem castigo. Não serve para *marketing*. Não ajuda na divulgação. Não desperta encanto. Não almeja aplausos. Não necessita de nenhum outro olhar que não o próprio. Na moral você acredita saber o que deve fazer e ninguém decide por você. Na moral não há medo da discordância alheia: você vale por todo o mal que não admite a si próprio fazer, impedindo-se, talvez, de ganho, benefício e prazer. Ninguém lhe premiará. Sobra a boa gratificação de ter feito o bem, mesmo que ninguém nunca venha a servir de plateia.

Quando eu me proíbo de agir com crueldade, quando imponho limites absolutos ao meu discurso, quando eu me impeço de reagir com violência, tomo uma decisão que, naquele instante, se objetiva em uma ação, que é particularmente a minha, mas, ao mesmo tempo, tenho certeza de tratar-se de uma decisão muito maior do que a situação que a despertou. Então, estabelece-se uma conexão entre a minha conduta particular e, o que suponho eu, seria digno para toda a humanidade. Por isso, na hora de decidir, sei bem não se tratar de um gosto ou inclinação de momento, mas uma condição de sobrevivência para toda a sociedade, para qualquer sociedade. Assim, posso me proibir de mentir, obrigar-me a dizer a verdade. Não sem ônus, porque a verdade é discurso que pode entristecer, enraivecer, ensejar vingança, terminar em prejuízo. Ainda assim, obrigo-me a dizer a verdade pela certeza de que, se todos mentíssemos regularmente, estaríamos nos condenando a coexistir em um coletivo inconfiável, onde toda a afirmação estaria sob suspeita e, portanto, sem valor.

Da mesma forma, ao me impedir de roubar, talvez esteja sufocando em mim um desejo de vingança de todas as situações, compreensível, em muitos casos, quando o cenário de injustiça se estende no tempo. Ainda assim, é possível, na intimidade de consciência, impedir-se de lançar mão do que não é seu, com ou sem violência. E esse limite advém da certeza de que se todos pertencentes ao mesmo coletivo nos dispuséssemos a desrespeitar a propriedade alheia, estaríamos costurando, para nós, uma sociedade muito pior do que aquela em que vivemos.

Lições que nos são familiares desde criança. Lembro-me de minha mãe, que, quando me flagrou cuspindo o chiclete na calçada, advertiu-me com veemência: "Imagine se todos nós cuspíssemos o chiclete na calçada! Imagine se todos nós fizéssemos o que você acabou de fazer! Viveríamos todos em um chiqueiro. E não é o que queremos para nós! Portanto, não repita isso".

A moral parece ser mesmo uma conexão curiosa entre o particular das nossas decisões imediatas e a universalidade de tudo o que imaginamos para uma humanidade digna.

Personagem de Dostoievski afirma que, se Deus não existir, tudo é permitido. Ora, ousamos discordar; afinal, ainda que não existisse, sobraria a moral. Sobrando a moral, cada um de nós pode não se autorizar tudo. Não se permitir o pior. Não aceitar o indigno. Porque não seria digno de cada um. Da mesma forma, todo aquele convicto da existência de Deus, se agisse desta ou daquela maneira apenas para obter alguma recompensa para além dos túmulos, ou por mero temor de labaredas, estaria longe da virtude moral. Não passaria de um investidor, de um estrategista, cuja meta da vez é a salvação na eternidade.

Aquele que age acreditando fazer o bem, na expectativa de se dar bem, pode até se dar bem, mas longe esteve de fazer o bem, porque a moral implica respeito; há princípios que se esgotam neles mesmos, que não jogam com um devir enriquecido, com a obtenção consequente de gozo.

Dessa forma, mesmo que não houvesse nada além da morte, mesmo que somente sobrasse cadáver em decomposição, ainda assim, em vida, poderíamos exigir, de nós mesmos, dignidade. Poderíamos não nos dispensar de cumprir com algum dever. Ou, ainda, de dar humanidade ao humano que somos.

Na matéria, só há transformação. O real não tem memória, não se lembra do que foi, não pode se lembrar. Tampouco projeta o futuro. Apenas vai sendo. Assim, qualquer coisa que o leitor tiver diante de si – uma mesa, uma cadeira, um computador – a matéria vai se modificando na balada dos seus choques, dos seus contatos, dos seus átomos. Impávida, desdenha do que já foi, a cada instante. Por isso, acabará tendo a última palavra. Estará no mundo depois de nós, sem respeito nem desrespeito ao já vivido. Apenas continuando a ser o que é, tornando-se outro sem parar.

Não havendo memória, não há no mundo fidelidade que dela dependa. Porque a memória requer um espírito. Uma mente que conserva a fidelidade requer uma disposição moral para considerá-la, usá-la como referência, servir-se dela no presente emancipado.

O espírito é memória e talvez um pouco mais. Pensar implica servir-se de seus pensamentos, lembrando-se do já pensado. Desejar requer resgatar o já vivido designado como o que faz falta. Certamente, o que pensamos hoje não é cópia do pensamento de outrora. A articulação de hoje é inédita como todo o real do presente.

Mas como conceber o pensamento sem memória? Com que matéria-prima se articularia? Como inovar sem ter o passado como referência? Como inventar o novo sem ter as lacunas do velho como parâmetro?

Assim, nossas inovações dependem de um corpo que é presente, potente no presente; e requer também espírito, que é potência que contempla o passado, esculpido por ele. A memória é um presente do passado no sentido de atualidade e no sentido de dádiva.

Se sobre o futuro nada sabemos, todas as nossas preocupações parecem advir da nossa ignorância.

Já o passado é bem menos agressivo. Dele, de fato, podemos pouco esperar. Não só por ser absurdo esperar pelo que já foi, mas, também, porque o seu potencial lesivo fica domesticado nas entranhas do que já conhecemos.

Não faltam os que nos recomendam esquecer, que Deus nos prive dessa incapacidade. Jogar na lata do lixo ou expulsar, de vez, a vida preterida, parece ser condição de algum desfrute no presente iminente. Garantem ser mais fácil ser feliz sem lembranças, sem memória. Um pouco como as plantas, ou as pedras. Mas o certo é que não somos plantas ou pedras. Integrando a humanidade, somos, querendo ou não, dotados de espírito. Resta-nos, portanto, alguma memória. O que nos permite não ter que começar do zero a cada segundo. O que nos permite subir em ombros de gigantes para vermos mais longe.

Muita memória nos entristece, é fato, mas é essa a nossa condição. A vida será com memória, ou não será a nossa vida humana.

Nossa trajetória no mundo nos proporciona experiências. Os encontros que protagonizamos com tudo que passa diante de nós deixa marcas que participam do nosso presente. Assim, a cicatriz faz lembrar a dor do golpe sofrido.

A vida em sociedade, as relações que mantemos com as pessoas perto de nós, também deixam marcas. Ortopedizam. Funcionam como um cisel que esculpe nossos corpos fazendo-nos, por exemplo, desejar o que é legítimo e autorizado, fazendo-nos deixar atrair pelo que é coletivamente considerado atrativo, fazendo-nos rejeitar o que é repulsivo no entendimento de todos.

A nossa frequência em mundos sociais específicos nos faz incorporar práticas autorizadas e aplaudidas. Essas práticas, incorporadas ao longo de uma trajetória pretérita, agem no presente dispensando a nossa consciência.

Portanto, muito do passado está presente no nosso presente. Porém, nada disso tem a ver com fidelidade, porque a fidelidade implica uma disposição, uma vontade, uma inclinação consciente – entre tantas atitudes infiéis possíveis – de respeitar o já vivido. Um vínculo deliberado com experiências anteriores.

Dessa forma, podemos ser fiéis às nossas ideias. E essa fidelidade nem sempre é fanática ou dogmática, porque implica abertura para mudar de ideia quando a coerência e a razão assim determinam. Então, mais valiosa do que a nossa fidelidade às convicções do passado, é a nossa fidelidade à verdade, ou, ao menos, ao melhor pensamento.

Agir em respeito ao valor da fidelidade não é viver do passado, tampouco viver no passado. A fidelidade é valor do presente, da decisão a ser tomada agora mesmo, no mundo da vida, entre tantas possíveis. Tem como referência o passado, isto é, o presente mesmo que se lembra do que já ocorreu. Portanto, quem decide em nome da fidelidade, como só poderia acontecer, não sai do presente, nem em conduta, nem em pensamento.

Sem fidelidade não há integridade. Não sei se o leitor já se intrigou com esse termo, afinal esbarramos com pão integral, espaguete integral, suco de uva integral. O que tudo isso teria que ver com a nossa moral? Com o caráter de cada um de nós?

Bem, tudo o que é chamado de integral conserva alguma integridade de seus elementos constitutivos. Quando o trigo não é dilacerado, quando não há inserção de outros elementos além da própria uva. O leitor, então, se perguntaria: "Mas que tipo de preservação de integralidade podemos esperar da conduta moral?" Ora, quando há integridade as promessas do passado não são dilaceradas pelos interesses do presente. Quando há integridade, a vida manifesta ontem tem peso e relevância na decisão da postura de hoje. A busca do prazer de circunstância não dilacera os compromissos assumidos.

Por essas e por outras, para falarmos de integridade do caráter de alguém é fundamental, na hora de tomar decisões com relevância moral, que o princípio da fidelidade seja respeitado.

A fidelidade não se confunde com a moral. Ou melhor, esta não se deixa reduzir à primeira. Afinal, em nossos juízos morais, podemos ter outras referências que não o já vivido. É possível que um valor supere um respeito às experiências anteriores. No entanto, a fidelidade é inerente à moral, pois todas as referências ou máximas que possam nos guiar na identificação da conduta mais justa, ou àquela que corresponde ao nosso dever, requerem de nós o resgate do que já aprendemos, do que fez parte dos ensinamentos morais já recebidos.

Assim, mesmo no mais rigoroso desprezo à palavra dada em nome, por exemplo, de um gesto de generosidade entendido como superior, mesmo nesse caso há fidelidade a um aprendizado. A importância de dar, de proporcionar, de oferecer aprendida em algum momento já vivido da vida.

A fidelidade tem a ver com a ética porque não vivemos sós. Porque a vida é, quase sempre, convivência. Porque sempre haverá alguém por perto que nos afeta, que nos alegra, nos entristece, nos enche de esperança, nos põe medo, nos excita, nos machuca. Então, se alguma possibilidade houver de vida feliz, implicará algum ajuste de convivência, uma harmonia de interação.

Se entre os animais a convivência tem que ser aquela – porque são todos escravos do seu instinto – entre nós ela poderá ser outra, pois resulta de nossa autonomia, soberania deliberativa e vontade. Dessa forma, poderíamos buscar soluções de convivência que dessem a todos que vivem e convivem naquele espaço chances de quotas iguais de felicidade.

Mas no que a fidelidade importa? É que, quando agimos, quase sempre temos observadores que, a partir de nossa conduta – seja um discurso ou um gesto –, criam expectativas, fazem planos, agendam suas vidas, investem seus recursos. E, quando o fazem, sempre presumem fidelidade. Ninguém, em nenhum tipo de relação, aposta suas fichas na traição.

Assim, o respeito aos nossos movimentos, às nossas ações e à nossa palavra torna-se condição da confiança que possam depositar em nós. Aquele que sistematicamente se desmente desperta incompreensão e desconfiança. Nesse caso, afirmamos que, se a confiança faz parte da moral, é por intermédio da fidelidade. Só essa última está sob nosso controle. Só essa última é objeto de nossa deliberação. Confiar ou não confiar é reflexo quase mecânico de uma deliberação de fidelidade que lhe dá causa.

Portanto, todos os que interagem sabem muito bem: a confiança se espatifa ante a infidelidade flagrada. E, por mais que pretendamos restaurá-la, sem uma boa sequência de condutas fiéis e respeitadoras ao comprometido, continuaremos, mesmo sem querer, incapacitados de confiar.

Aliás, o que sobraria de nós se não fosse a fidelidade? Em um corpo em que mitoses e meioses reproduzem células que vão morrendo, neurônios que outrora protagonizavam sinapses vão sendo desativados, sangue bombeado em movimentos que não se repetem nunca, respiração ora ofegante, ora tranquila, numa gestão de vida sempre radicalmente inédita, prazeres nunca sentidos antes e irrepetíveis, afinal, exigiriam a repetição dos corpos, a eternidade.

Somos irremediavelmente outro a cada instante. Ainda assim, quando saímos de casa pela manhã, temos a certeza de encontrar no nosso regresso os entes queridos que conosco convivem, e que continuam sendo aqueles com seus nomes, suas identidades, seus jeitos, suas inconfundíveis maneiras de ser. Portanto, face ao ineditismo radical da matéria esquecidiça, ainda nos dispensamos de voltar para casa à noite e começar tudo do zero, apresentando-nos na porta e pedindo licença para entrar. Existe alguma coisa que gruda a pessoa que saiu de casa na pessoa que volta para casa. Uma certeza de que, por detrás de toda a transformação e todo o fluxo, algo permanece que nos garante ser alguma coisa. Uma ilusão, talvez, mas sem a qual nenhuma interação seria possível, nenhuma ética cogitável, nenhuma convivência harmônica, nenhuma vida em comum tolerada.

Assim, nossa fidelidade resgata o que as células teimam em desmentir. Nossa crença em algo que é em nós mesmos e dá sustentação a tudo o que o ineditismo da vida se empenha em destruir. E é por isso que, sem fidelidade, nenhuma identidade subsistiria, nenhuma identificação de nós mesmos seria possível, nenhuma responsabilidade por nossas condutas seria defensável, nenhuma punição por nossos atos seria justificável.

É muito comum, no tal senso comum, vincular a fidelidade ao casal. Talvez o casal seja mesmo só fidelidade. Para aqueles que já viveram esse tipo de relação, terão identificado a montanha-russa afetiva que atravessa o seu cotidiano. Se num instante estamos encantados, acreditando termos encontrado o amor da nossa vida, instantes depois é possível estarmos em flagrante enfado, em triste decepção.

Spinoza nos ensina a definição de amor coerente com a sua filosofia, mas intrigante para quem vive a vida de todo o dia. O amor seria "alegria". O leitor, então, pergunta: "Mas alegria seria o quê?" Seria um movimento, uma transformação em nós marcada pelo ganho de potência, de energia vital, de tesão pela vida. Ora, se a alegria é passagem, porque aponta transformação, não é estado, não tem duração. Portanto, para os que continuarem insistindo com frases do tipo: "Como eu estou alegre!", saibam que o mais conhecido teórico da alegria desaprovaria semelhante erro conceitual.

Se amor é alegria, dura o tempo da passagem e da transformação, o tempo em que a potência aumenta. Até a próxima queda, a próxima tristeza.

Registremos a definição completa: amor é alegria, mas não só. Uma alegria que vem acompanhada da ideia da sua causa.

Assim, o amor exige ganho de potência e um certo diagnóstico sobre o que no mundo determinou esse mesmo ganho de potência. Portanto, dizer "eu te amo" significa dizer: "estou em plena alegria e em pleno ganho de potência neste instante, e a causa de tudo isso é você". Mas que casal resistiria à senoide tão cruel? Que casal suportaria a um "eu te amo" e, depois, "deixei de te amar"?; "você me alegra", "você me entristece". Que casal suportaria, depois de prática íntima fantasticamente prazerosa, a constatação de que o amor acabou com a queixa de um respingo urinário no vaso, de uma toalha molhada em cima da cama, de uma lembrança do aniversário da sogra ou da nota baixa obtida pelo filho? Que casal resistiria à gestão do cotidiano que, sabidamente, muito mais confronta com o entediante e o entristecedor do que com o francamente alegrador? O amor não passaria de um pisca-pisca quebrado, mais tempo apagado do que aceso.

Mas, nessa intermitência, vários casais vivem muito tempo. E alguns, é preciso admitir, em muita felicidade. É sinal de que existe na relação amorosa um pouco mais do que simplesmente alegria e potência: existe vontade, deliberação, cumplicidade. Sem isso, nenhum casal resistiria à tristeza. Talvez, por isso, o casal seja mesmo só fidelidade.

No abismo entre uma alegria e outra alegria, no vale entre um pico e outro, resta uma decisão de aguentar o tranco juntos. Resta fidelidade ao já vivido. Resta a preservação do amor na marra, na moral, na esperança da próxima alegria.

A fidelidade tem particular relevância ética porque quase sempre estamos sendo observados. Porque comunicamos, a cada gesto, a cada silêncio, a cada discurso, a cada hesitação. Impossível não comunicar. E quem nos observa faz inferências a partir do que vê. Identifica ali escolhas, preferências, valores, apegos. Tudo isso é projetado para o futuro da relação. O receptor de nossas manifestações toma aquela particular mensagem recebida como indicativa de um jeito de ser. Presume, portanto, alguma fidelidade. Fidelidade a si mesmo, a um estilo de vida, a preferências, ao que mais importa para quem age.

Também pode ocorrer que a mensagem explicitamente engaje o receptor, interlocutor, em um projeto, uma proposta de futuro, de relação, de acordo. E é exatamente porque há alguém vendo e ouvindo que toda a nossa manifestação se vê responsável pelos efeitos de interação que acarreta junto a quem observa. Ninguém se relaciona imaginando o inédito a cada segundo, uma transformação a cada instante, uma ruptura a cada encontro. Aliás, quando marcamos novos encontros, invariavelmente, é pelo que já vimos, pelo que conhecemos, pelo que nos agradou, e que imaginamos se mantenha, se conserve, na fidelidade de um jeito de ser. Ninguém se encontra em função do inédito, do não sabido. Ninguém se relaciona esperando o desmentido ininterrupto. Toda a fidelidade está embutida na relação, na convivência.

O que poderia levar alguém a agir na contramão do que propôs? Ganhos, com certeza. Vantagens. Afinal, entre o momento em que propomos e o momento em que nos toca respeitar nossa própria proposta, coisas acontecem. Por vezes, o respeito fiel ao proposto implica ter que abrir mão de algo. Que o digam todos os que prometeram exclusividade de relações íntimas e se veem, diariamente, ante tentadoras propostas de coito adulterino. Que o diga o vendedor que um dia prometeu vender por x e, minutos depois, recebe proposta de 20x pelo mesmo produto. Que o digam aqueles que se candidataram na garantia de defender um grupo e, em meio à campanha, recebem polpuda proposta para defender o grupo adversário.

Assim, temos que aceitar que a opção pela conduta infiel é muitas vezes tentadora, exigindo do agente moral firmeza de caráter para abrir mão de tantas vantagens em nome da fidelidade, ao pacto feito em respeito a quem nele confiou.

# 9

Teria a inovação valor moral? Ou seria o ato de inovar sempre classificado como uma conduta infiel, imoral, subversiva, de perda de integridade?

"A fidelidade está no princípio de toda moral, ela é o contrário da derrubada de todos os valores. Toda moral, como toda cultura, vem do passado. Não há moral que não seja fiel" (André Comte-Sponville).

Já o conceito de inovação poderia ser aplicado a tudo que implica mudança, rompimento com o passado, ato infiel às suas convicções anteriores. No entanto, observamos que nossas convicções também se atualizam, também se inovam. A fidelidade, neste caso, não poderia ficar aprisionada num passado que não tem respaldo nas nossas verdadeiras convicções do presente. Ela deveria estar vinculada à nossa consciência atualizada, sem perder a referência do passado, mas considerando o mundo que se torna inédito a cada instante, independente da nossa vontade.

A fidelidade, para ser uma virtude moral, deve orientar nossas ações a despeito de prazeres momentâneos e respeitando a nossa consciência mais íntima, do que consideramos o melhor caminho a ser seguido, não para nós, mas para a sociedade em que vivemos. Porém, o valor moral da fidelidade está no seu objeto. Qual valor teria a fidelidade a um passado que perdeu seu sentido no presente? A fidelidade não pode servir de justificativa para tudo. Ser fiel ao que não acreditamos como o melhor caminho é pior do que renegá-lo.

A inovação, portanto, pode ter valor moral se ela for fiel a esta verdadeira consciência, sempre atualizada, que respeite o coletivo e melhore a nossa vida em sociedade. Mas toda moral implica atitude racional pura prática, que converta nossas convicções em ações. Assim sendo, a inovação, como valor moral, se realiza quando se torna concreta, quando sai do plano teórico e se materializa.

Dentre as infindáveis possibilidades de materialização da inovação em nosso cotidiano, ressaltaremos o universo corporativo, onde ela ganha grande amplitude e relevância.

Se pensássemos numa ética corporativa universal, que abrangesse todas as empresas mundiais, a inovação certamente figuraria na lista dos principais valores compartilhados entre diferentes culturas e diferentes segmentos de mercado. Ela distingue as empresas consideradas com maior valor de mercado das de menor valor. Ela define as empresas vistas como mais promissoras pelo mercado. Ela classifica as empresas com melhor gestão, com mais investimentos em pesquisa e tecnologia. Mas, como todo conceito, a inovação, quando ganha tanta importância e valor, assume significados mais restritivos no ambiente corporativo, mais normatizados, em detrimento de um conceito mais abrangente, de forma a permitir ao mercado categorizar as empresas como mais ou menos inovadoras, seguindo um critério compartilhado entre seus integrantes.

O capital social (não no sentido contábil, mas sociológico), conferido às empresas consideradas inovadoras, passa a ser indispensável para conquista dos troféus outorgados pelo campo corporativo.

Devido a sua relevância e à quantidade de exemplos vividos e presentes no dia a dia de todos nós, a aplicação prática da inovação dentro das empresas, do mundo corporativo, será o foco principal dos próximos capítulos deste livro.

# 10

No universo corporativo, de tempos em tempos, é adotado um conjunto de conceitos preferidos que se tornam o clichê do momento, repetido por todos. Em muitos casos não há nenhum compromisso com o seu significado e, tampouco, se ele é aderente às práticas da empresa. A preocupação passa a ser se o mercado está valorizando as empresas com essa característica. Se sim, vou associar a minha imagem a ela na tentativa de construção de uma identidade corporativa mais moderna, que desperte mais atenção.

De uns vinte anos para cá, vários conceitos surgiram e tornaram-se êxtase no mercado. Recordo-me de alguns, tais como: a garantia da qualidade, a reengenharia, *just in time*, *empowerment*, o foco no cliente, ou o cliente em primeiro lugar. Mais recentemente surgiu o termo "oceano azul" (ou, do inglês, *blue ocean*), que nada mais é do que um mercado inexplorado, sem concorrentes, onde você pode navegar livremente sem enxergar uma barreira no horizonte. A inovação aplicada ao mundo dos negócios também se encaixa nessa lista. Todas essas práticas e conceitos podem trazer resultados muito positivos quando aplicados corretamente dentro do contexto de cada negócio, das características do mercado no qual a empresa está inserida. Mas, no auge do modismo de cada um deles, a quantidade de empresas que dizem adotá-los normalmente é muito maior do que a quantidade que verdadeiramente os adota, vulgarizando-os, de certa forma. A inovação, por exemplo, tema principal deste livro, passa por esse auge há alguns anos. Em alguns segmentos, em especial como o de tecnologia, esse modismo é quase uma unanimidade. Se entrarmos no website de uma empresa de tecnologia é difícil encontrar alguma que não se autointitule inovadora. A minha experiência no convívio nesse mercado é que poucas são, de fato. Mas, como toda a comunicação ao mercado é, por característica, superficial, o dito acaba ficando pelo não dito. Porém, com o passar do tempo, os fatos vão ajustando a forma como a empresa é vista pelo mercado.

Hoje, por exemplo, ao dirigir meu veículo, eu ouço o seguinte *slogan* em uma rádio de notícias ao vivo: "A rádio mais útil e inovadora do Brasil". Fiquei curioso em conhecer as inovações que ensejaram tal honraria, de que forma elas impactam no dia a dia de tal empresa de radiodifusão e, principalmente, o que representam de valor para seus clientes. Nos minutos em que estive sintonizado na rádio não consegui diferenciá-la das demais rádios que ouço eventualmente, mas tenho de admitir que foi pouco tempo como ouvinte para propiciar uma opinião mais qualificada e justa. Neste contexto, é importante destacar que a inovação, no mundo corporativo, é uma atividade que busca, essencialmente, a diferenciação em relação aos concorrentes.

Palavras e frases soltas, muitas vezes sem aderência às práticas reais da empresa, são cada vez mais comuns no mercado. Nos casos em que a empresa dispõe de um orçamento grande para as ações de comunicação, ela acaba conseguindo atrelar tais conceitos à sua identidade, tendo ou não relação com suas práticas reais. Fica parecendo um cabo de guerra entre o que a empresa verdadeiramente faz – e que, de certa forma, é transmitido ou percebido pelo mercado – e o trabalho feito pela área de *marketing* e comunicação, tentando construir um cenário ideal, uma imagem, ou uma identidade corporativa que a empresa julga ser a mais apropriada para conquistar uma fatia maior de mercado, ser melhor percebida pelos clientes etc.

A identidade de uma empresa é uma exigência social e do mercado, que simplifica uma infinidade de atributos que seriam necessários para defini-la. No entanto, é a sociedade ou o mercado que chancela essa identidade, seja de uma empresa ou de uma pessoa. Portanto, a comunicação exerce um papel fundamental aqui, uma vez que ela influencia fortemente a forma com que o mercado enxerga a organização. Nesse caso, tanto reforçando atributos – verdadeiros ou não – como, também, escondendo os que a empresa gostaria de manter ocultos. Arrisco-me a dizer que o poder de influência da comunicação é tão grande no consumidor, que o que se entende no senso comum como verdadeiro passa a ser relativo, dada a capacidade da comunicação em construir "verdades".

Isso suscita uma questão ética interessante a ser refletida, e me faz lembrar de Immanuel Kant, que, possivelmente, é o mais influente filósofo moral da história. Kant definia critérios para que uma conduta fosse considerada boa e justa. Um deles era o teste da universalização da conduta, que dizia mais ou menos assim: Se uma conduta pudesse ser universalizada de forma com que todos agissem daquela forma, ela poderia ser considerada boa. Nesse caso, imagine se todas as empresas de determinado segmento agissem de forma a construir uma identidade não condizente com suas práticas. A eficácia da comunicação cairia por terra, pois a sociedade não mais acreditaria em nada que fosse comunicado, ou seja, para que uma comunicação "falsa" tenha credibilidade é preciso que o esperado seja uma comunicação "verdadeira". Atualmente, podemos perceber essa falta de credibilidade generalizada na classe política no Brasil. Nada que os políticos falam, e que aparece nos meios de comunicação, transmite muita credibilidade, ou seja, o efeito da falsa promessa para ganhar votos tem sua eficácia reduzida.

A importância da inovação ganhou tanto destaque no mercado que atestar o grau de inovação da empresa passou a ser o quesito principal de seleção de empresas por investidores, o que se justifica por algumas pesquisas que apontam que as empresas mais inovadoras, quando comparadas com concorrentes diretos menos inovadores, faturam mais, crescem mais rápido, exportam mais e pagam melhores salários. Lembro-me, durante minha trajetória profissional mais recente como empreendedor, de reunir-me diversas vezes com potenciais investidores e três pontos principais eram sempre explorados nas conversas iniciais: o grau de inovação daquele negócio; o quanto ele era escalável, ou seja, o quanto poderia crescer se o mercado demandasse, sem limitações que venham de dentro da própria empresa; e o perfil das pessoas que formam e conduzem aquela empresa, que estão transformando aquele projeto de inovação em algo maior, mais grandioso. Esses três pontos, de certa forma, estão sempre orbitando em torno do tema da inovação e são fundamentais para a entrada de qualquer investidor nesse mercado conhecido como *venture capital, private equity* e M&A (*Merger & Acquisition*, ou fusões e aquisições).

O que eu vejo ocorrer, de fato, é que, quando se fala em inovação, a grande maioria das empresas acaba copiando ou seguindo uma tendência já adotada por alguma outra, que foi pioneira em determinado produto ou processo que realmente são inovadores. Não que replicar o que já existe ou seguir uma tendência seja de todo ruim, mas é preciso inovar mesmo quando o ponto de partida é uma ideia ou conceito já existente, de forma a criar diferenciação e sair da mesmice.

Em um cenário econômico muito competitivo e em constante mudança, as organizações precisam se adaptar e se diferenciar para poder crescer consistentemente, conquistar sua fatia no mercado ou mesmo buscar a liderança do mercado. Tais ações começaram a ser chamadas, pelo mercado corporativo, de inovação. Ela poderia ser vista como uma ferramenta para a diferenciação e aumento da competitividade da empresa no mercado. Porém, penso que é bom entendermos um pouco melhor o que é a inovação. E aqui vale uma ressalva: como o termo "inovação" se popularizou muito, sem muito cuidado com o seu uso, ele começou a assumir significados diversos e abrangentes. É frequente chamarem qualquer novidade que apareça como inovação. Há, também, uma confusão muito comum entre "inovação" e "invenção".

Invenção está associada a um conjunto de ideias, conceitos, técnicas, e, eventualmente, descobertas que são aplicadas na construção do protótipo de um produto, que pode vir ou não a se transformar em um produto comercial. Diferente da invenção, a inovação dá um passo além, é um conceito atribuído de fora para dentro, ou seja, não é a empresa que chancela que um produto é inovador, mas o mercado, incluindo seus clientes atuais e potenciais. A inovação só ocorre, efetivamente, quando uma invenção, um produto, um serviço, um processo pretensamente inovador é comercializado. É no momento da comercialização que consegue-se ter certeza de que aquilo que se pensou como tendo mais valor para o mercado, efetivamente tem esse valor, pois, se não tivesse, o mercado não iria consumi-lo. Dito de outra forma, uma ideia extraordinária que não se transforma em produto comercial, ou um produto que nunca foi comercializado, podem ser brilhantes, mas não conseguiriam provar serem verdadeiramente inovadores.

Outra confusão muito comum é entre "inovação" e "ineditismo". Apesar de muitas inovações serem inéditas, nem todas, necessariamente, são. A inovação acontece na relação entre a empresa e seus consumidores – como citado anteriormente –, tendo como referência o histórico dessa relação. Um atributo novo em um produto pode não ser inédito no mercado, mas, ainda assim, ser inovador no contexto da relação de determinada empresa com o mercado em que ela atua. Ou, dito de outro modo, a inovação não se baseia sempre em algo verdadeiramente novo ou inédito, mas da maneira com a qual algo é produzido para criar mais valor. A inovação é uma novidade que gera interesse de consumo.

Uma vez que a inovação é um conceito que vem de fora para dentro, é o cliente, através da utilização, do consumo, que define que aquele produto, serviço ou processo é inovador. Não basta uma ideia brilhante, não basta um esforço muito grande. Para ser considerado inovador, aquela ideia tem de ter sido transformada em produto, e esse produto tem que ser percebido como tendo valor para o cliente. Essa percepção de valor pelo cliente é dada através do consumo, ou seja, o cliente consome um produto lançado pela empresa e passa a chancelar que aquele objeto de consumo realmente tem interesse e gera valor para ele.

Uma outra definição de inovação com viés mais econômico – que, apesar de achá-la muito restritiva, irei citá-la, uma vez que ela ajuda a reforçar o conceito – é que a inovação ocorre quando a empresa aufere receitas novas vindas de fontes novas, ou seja, quando a empresa vende produtos ou serviços diferentes dos quais vendia antes. Assim, do ponto de vista econômico, a inovação é caracterizada quando ocorre um aumento de receita, porém não fazendo mais do mesmo, mas comercializando produtos que não existiam antes.

O conceito de inovação no mundo dos negócios implica fazer dela um meio e não um fim, ou seja, a inovação não é boa por ela mesma, mas útil para se atingir outra finalidade, de maior valor no mundo empresarial. Já no universo acadêmico, a inovação tem a chance de ser boa por ela mesma. Alguns poderão implicar com essa visão, defendendo que a academia deveria produzir pesquisas e desenvolvimentos aplicáveis à indústria, tornando-se meio novamente. Eu vejo que existe demanda para os dois tipos de pesquisas, tanto as mais acadêmicas, voltadas para o desenvolvimento e aprendizado do aluno, ainda que não encontrem uma aplicação imediata, quanto as pesquisas aplicadas, com financiamento da indústria e voltadas para a inovação industrial. Este tema poderia ser tratado, do ponto de vista da ética corporativa, que a inovação nas empresas poderia ser classificada como pertencente a uma ética claramente utilitarista, onde, independente das intenções, do brilhantismo das ideias e do esforço que a constituíram, ela só será valorizada se o mercado reconhecê-la como importante, despertando desejo nos consumidores.

Aqui cabe relembrar que, em um mercado corporativo, existe um papel muito forte vindo das áreas de *marketing* e comunicação que influenciam a expectativa de valor de determinado produto pelo cliente, em detrimento do real grau de inovação desse item. Porém, quando o produto deixa de ser objeto de desejo, na sua perfeição imaginária, e torna-se real, sujeito às sensações afetivas de alegria e tristeza na interação direta com o consumidor, a diferenciação promovida pela inovação terá um desafio grande para provar seu valor.

O desejo, segundo Platão, está relacionado à falta. É o amor platônico, a manifestação de Eros. Só há desejo pelo que não se tem. Uma vez que o objeto desejado se faz presente, o desejo desaparece. O primeiro desafio de uma empresa é despertar desejo no cliente em possuir o produto. Uma vez adquirido o produto, o segundo desafio é promover afetos de alegria durante a experiência de seu uso, para que o cliente retorne. A transformação do desejo em alegria não é natural e muitas vezes não ocorre. O desejo é um afeto passional, que traz uma boa sensação vinda de fora para dentro, provocada por uma expectativa futura de substituição da falta pela presença do objeto desejado. Já a alegria é um afeto ativo, genuíno, vindo de dentro para fora, que traz uma boa sensação no presente, no real, um aumento de potência a partir das sensações geradas pela interação com o mundo, com o objeto antes desejado.

Quanto maior for o desejo pelo produto, maior será o desafio para que a percepção, experiência de uso, seja alegre. A alegria ou satisfação pela experiência de uso de um produto ou serviço está diretamente relacionada à expectativa gerada antes, quando o produto ou serviço ainda era objeto de desejo. Quanto maior o desejo, maior a expectativa, e quanto maior a expectativa mais difícil superá-la. Trabalhos acadêmicos mais recentes sobre satisfação do cliente mostram que na realidade o cliente tem dois níveis de expectativa: um nível mínimo, básico, e um nível desejado mais alto. Caso a experiência de uso estiver abaixo do mínimo, o cliente torna-se insatisfeito e dificilmente retornará. Caso esteja entre o nível mínimo e o desejado, o cliente fica satisfeito, mas não encantado, surpreendido, podendo voltar a consumir, mas não torna-se fiel. Caso esteja acima do desejado, o cliente se encanta, se surpreende e torna-se fiel. A satisfação do cliente estará sempre relacionada à diferença entre a percepção durante a experiência de uso e a expectativa ou o desejo, sentida antes de consumir o produto ou serviço.

Existem pesquisas que mostram que clientes que tiveram problemas com um serviço, reclamaram e os problemas foram resolvidos são mais satisfeitos do que os que nunca tiveram problemas. Por outro lado, os clientes que tiveram problema, reclamaram e os problemas não foram resolvidos são mais insatisfeitos do que os que tiveram problemas e nunca reclamaram. O que acontece com os clientes que tiveram problemas é que sua expectativa se reduz. Ao ter o problema resolvido a diferença entre percepção e expectativa torna-se grande, gerando uma percepção muito satisfatória.

A Apple® é um exemplo de empresa onde a comunicação trabalha muito forte para estimular o desejo no cliente em adquirir seus produtos. Normalmente, ela faz um evento de pré-lançamento dos produtos meses antes da sua disponibilização para o consumidor. A partir desse evento e nos meses subsequentes, antes da disponibilização nas lojas, o desejo é estimulado diariamente no cliente, chegando no seu ápice no dia do início das vendas. Há diversos relatos de filas, formadas na porta das lojas, horas ou dias antes do início das vendas. No entanto, este estímulo contínuo do desejo faz com que a expectativa fique cada vez mais alta e, por consequência, mais difícil de superá-la e encantar seus clientes.

# 11

O mercado costuma classificar as inovações de acordo com o grau de impacto que elas têm. Normalmente, dividem-se em duas categorias conhecidas como as inovações incrementais e as inovações radicais. É importante ressaltar que essas classificações são teóricas, com fins mais didáticos do que práticos. Na realidade, a fronteira entre um tipo e outro pode ser bastante sutil.

As inovações incrementais se caracterizam por melhorias menos impactantes, normalmente relacionadas à evolução de um produto existente para se tornar mais competitivo, visando aumentar a participação no mercado em que atua; ou mesmo com relação ao lançamento de um produto substituto, mas que atenda a um mercado já definido. Por inovar dentro de um mercado conhecido, as inovações incrementais têm projeções de mercado mais previsíveis e, dessa forma, de menor risco quando comparadas às radicais.

As inovações radicais são mais imprevisíveis, subversivas. Elas visam mercados inexistentes e atendem a necessidades nunca antes percebidas. Ou até mesmo criam uma necessidade, o que já vimos acontecer algumas vezes (darei exemplos ao longo do livro), estimulando o consumo a partir de um produto ou serviço inédito na maioria dos casos. Por desbravarem um mercado inexplorado, se deparam com o fenômeno do oceano azul, que, como já disse, é uma metáfora para um mercado ainda sem concorrentes, com horizonte sem obstáculos e sem tormentas à vista. É o ideal de navegação de todo marinheiro ou, trazendo essa metáfora para o mundo empresarial, é o sonho de todo executivo. Por entrarem em mercados inexplorados, é difícil avaliar sua viabilidade econômica e, por isso, elas são de muito maior risco do que as incrementais.

É interessante notar que, pelo fato de as inovações radicais serem difíceis de prever, acabam fazendo com que sejam difíceis de serem aprovadas nas grandes empresas. Várias inovações radicais clássicas, bem conhecidas e de imenso sucesso na sua época, como, por exemplo, o Post-it da 3M e o Walkman da Sony, lançados no início da década de 1980, foram vetadas pelos departamentos de *marketing* das empresas. As grandes empresas, normalmente, preferem continuar investindo na sua linha de produtos tradicionais, algumas vezes inovando incrementalmente, do que apostar num mercado novo, desconhecido. Por outro lado, ainda que uma inovação radical seja aprovada, as grandes empresas têm custos fixos altos e, pela falta de escala de produção no início, quando o produto é lançado, dificilmente conseguem ser competitivas em preço com um produto totalmente novo, fruto de uma inovação radical. Isso faz com que as inovações radicais costumem nascer em empresas menores, como as *startups*, que têm muito mais agilidade, baixo custo fixo e costumam ser muito mais receptivas com o novo – até porque se uma *startup* não inovar irá disputar mercado com as grandes empresas, só que com uma posição muito mais desvantajosa, pelo seu baixo poder de investimento, baixo poder de relacionamento com potenciais clientes etc. – principalmente quando falamos no mercado conhecido como *business to business* (b2b) que é quando uma empresa comercializa seu produto para outra empresa. Quando seu mercado consumidor é o mercado corporativo, a empresa tem que desenvolver, ter estrutura e relacionamento no mercado para chegar aos potenciais clientes, o que, para uma *startup*, é muito mais difícil do que para uma empresa grande e estabelecida, onde as relações já existem. Isto não significa que seja mais simples no outro tipo de mercado, que é o *business to consumer*, o mercado direto para o consumidor, para o varejo. Mas neste, apesar de ser maior em termos de quantidade, mais pulverizado, você consegue, individualmente, atingir as pessoas de alguma forma.

Além dessa questão econômica, eu destacaria, também, um outro fator que inibe as inovações radicais: a dificuldade que o ser humano tem, em geral, de assimilar o novo. Nós vivemos em um mundo em constante mudança e transformação, tanto em nós quanto no ambiente a nossa volta. Afetamos e somos afetados pelo mundo a todo momento. Há uma tendência em acharmos que a fonte geradora de alegrias e prazeres no passado será também a fonte de alegrias e prazeres no futuro, esquecendo que tanto nós quanto o mundo a nossa volta mudam a todo o momento.

Há vários exemplos ao longo da história, como o lançamento das máquinas fotográficas digitais, que acabaram com as fotos em papel, ou o lançamento do computador, que acabou com as máquinas de escrever, o lançamento do CD e das músicas digitais em formato MP3, que acabou com as fitas cassete e inúmeros outros exemplos de inovações que acabaram com o mercado existente, e as empresas que não perceberam tal mudança e não se adaptaram a ela ficaram para trás. No caso da fotografia digital, em pouco tempo ela acabou com o mercado de filmes de rolo e fotos em papel.

A Kodak, empresa líder desse segmento na década de 1990, não acreditou no potencial de mercado das fotografias digitais *versus* as fotografias tradicionais, com filmes de rolo. O interessante é que a Kodak já tinha desenvolvido a tecnologia da fotografia digital, mas ela própria vetou o lançamento, pois achava que a qualidade, naquela época, não era suficientemente boa para oferecer aos clientes da mesma forma com que ela oferecia a foto em papel e, de certa forma, ela também não acreditou muito que aquilo fosse revolucionar o mercado pouco tempo depois. Isso volta ao ponto em que a inovação ocorre também de maneira quase natural, independente da nossa vontade, como meio de sobrevivência, como uma resposta à evolução da humanidade e da sociedade. E as empresas que se destacam são aquelas que conseguem perceber essas mudanças e se adaptam antecipadamente ou rapidamente, de forma a introduzir novos processos, novos serviços, novos produtos, a partir de tecnologias ou de ideias que irão simplificar a vida das pessoas, modificar a relação das pessoas com o mundo à volta delas. Por isso a inovação é tão importante como ferramenta de diferenciação e de crescimento de mercado para as empresas em geral.

Existem inúmeros outros exemplos de inovações radicais. Um muito famoso foi o lançamento do iPod e iTunes pela Apple®, em 2001. O iPod é um reprodutor de músicas digitais, em formato MP3, e que permitia a compra de músicas online pela internet a 0,99 dólares cada música, através do aplicativo iTunes, que revolucionou a indústria fonográfica. Apesar da reprodução de músicas digitais não ser uma novidade, mesmo naquela ocasião, o que ocorria na época do lançamento do iPod era uma canibalização do mercado da música, por meio de cópia e transferência de músicas piratas em formato MP3.

Havia um aplicativo, muito conhecido no passado, chamado Napster, no qual qualquer pessoa que tivesse um CD (Compact Disc) de música poderia fazer uma cópia digital, transformando todas as músicas para o padrão de codificação de áudio digital MP3 e as disponibilizava no Napster, que funcionava em rede, através da internet, com milhares de pessoas conectadas em todo o mundo. Uma vez disponibilizadas as músicas, uma outra pessoa, em qualquer parte do mundo, poderia fazer uma busca, identificar a música que procurava e, então, poderia baixá-la. Esse software era sofisticado ao ponto de que, se mais de um usuário disponibilizasse a mesma música na rede, era possível fazer um download com múltiplas fontes simultâneas. Por exemplo, se alguém estivesse conectado e seu computador desligasse, quem tivesse recebendo uma música conseguia continuar recebendo através de um outro computador, de outra pessoa, em qualquer outra parte do mundo, que tivesse a mesma música em seu computador. Como as músicas eram disponibilizadas de pessoa para pessoa (o termo técnico é *pear to pear*), através da rede e sem comercialização das músicas, era difícil controlar legalmente e tecnicamente a pirataria.

A Apple®, com o lançamento do iPod e iTunes, conseguiu transformar um grande problema de pirataria na indústria da música em uma oportunidade que revolucionou o mercado. Muitas pessoas acham que o iPod, um dispositivo para armazenamento e reprodução de músicas em formato digital, foi a grande inovação da Apple; obviamente, isso também faz parte da inovação, mas a grande revolução, a inovação radical, foi dentro do mercado de compra e venda de músicas, que, até então, ocorria através da comercialização das músicas em mídias físicas como o CD (Compact Disc) e, antes do CD, o vinil, a fita cassete e outros. O CD trouxe como grande novidade o formato digital de gravação e armazenamento de músicas, só que com capacidade limitada a uma ou duas dezenas de músicas. Com o surgimento e popularização do padrão de compressão e codificação digital de áudio MP3 passou a ser possível e muito simples a cópia das músicas gravadas nos CDs, com qualidade similar à do CD e ocupando cerca de 10% do espaço ocupado por uma música gravada em CD. Em torno de uma década depois do lançamento comercial do CD, como mídia para gravação de músicas, ocorreu o nascimento e proliferação da internet, conectando pessoas em todo o mundo e, poucos anos depois da internet, veio o MP3, que foi adotado como padrão em todo o mundo. A junção da internet com o padrão MP3 desencadeou uma grande pirataria nesse mercado, possibilitando o surgimento de uma inovação radical pela Apple®, que identificou uma oportunidade de crescer e desenvolver uma aplicação que conseguisse comercializar essas músicas, "driblando" a pirataria.

Qual foi a grande inovação da Apple®? A combinação de um dispositivo portátil, o iPod, com grande capacidade de armazenamento de música, que reproduzia músicas no formato MP3, de simples utilização, com um aplicativo no computador, o iTunes, que permitia o acesso a milhares de músicas, por um baixo valor, e que eram automaticamente sincronizadas com o dispositivo. Bastava conectar o dispositivo portátil (iPod) no computador e as músicas eram transferidas para ele através do iTunes. A partir daí era só conectar um fone de ouvido, e, passando o dedo em uma espécie de disco giratório que ficava na frente desse dispositivo (iPad), você poderia, rapidamente, encontrar com bastante agilidade a música que queria ouvir, definir vários critérios de seleção de música, criar sua *playlist*, tanto filtrando por artista, por estilo musical, por álbum etc. Rapidamente era possível colocar inúmeros CDs dentro de um pequeno dispositivo, com uma qualidade razoável (não era tecnicamente a mesma qualidade do CD, mas ouvidos menos exigentes dificilmente percebiam diferença). Em pouco tempo, essa nova forma de vender e distribuir música se popularizou muito e, como já dito, revolucionou o mercado da música.

Outro fato interessante é que os primeiros contratos da Apple® com as grandes gravadoras e distribuidoras de música foi de difícil negociação, uma vez que ninguém acreditava muito no sucesso desse novo produto, o que é comum ocorrer com inovações disruptivas e radicais. Nenhuma gravadora importante quis fazer contratos de longo prazo com a Apple®. Poucos anos depois, já com o sucesso estrondoso do iPod e iTunes, as gravadoras começaram a bater na porta da Apple® para renovarem seus contratos e a empresa passou a ter uma força de negociação muito grande para conseguir condições mais vantajosas para si.

Um episódio importante foi que a Apple®, antes do lançamento do iPod, estava quase quebrada. Seu faturamento no ano de 2001 foi de cerca de cinco bilhões de dólares, que foi quase a metade do faturamento que ela havia tido cinco anos antes. No entanto, cinco anos após o lançamento do iPod, em 2006, o seu faturamento tinha aumentado em cerca de quatro vezes. Poucos anos depois, a Apple® já figurava entre as empresas de maior faturamento em valor de mercado do mundo. No ano de 2015 a Apple® atingiu mais de 230 bilhões de dólares de faturamento anual, o que representa cerca de 46 vezes o faturamento de 14 anos antes.

Obviamente, não foram o iPod e iTunes os únicos responsáveis por todo esse crescimento, mas reergueram a Apple® em um momento em que ela estava quase quebrada. Depois do iPod, surgiu o iPhone, o iPad, a nova linha de computadores Mac e uma série de inovações que a empresa foi lançando ao longo dos 14 anos seguintes. Não entrarei em muitos detalhes, mas o iPhone também pode ser caracterizado como uma inovação radical pela forma com que ele transformou esse mercado de telefones inteligentes (*smartphones*). As operadoras de celular do mundo todo tiveram um crescimento absurdo do tráfego de dados após o seu lançamento, o que pode ser atribuído a sua simplicidade de uso e a quantidade de aplicativos novos que poderiam ser instalados no iPhone, usando a rede de dados das operadoras. Isso fez com que crescesse muito a demanda por banda larga móvel, que permite o acesso à internet através de um dispositivo portátil com diversas funções, os *smartphones*. Ao longo do tempo, esse dispositivo foi ficando cada vez mais completo, de forma que, hoje em dia, o iPhone e diversos outros *smartphones* que seguiram o mesmo conceito conseguem reunir, num único dispositivo, o telefone, o acesso à internet, uma máquina fotográfica, um reprodutor de músicas, um meio de pagamento, uma câmera de vídeo etc. Inclusive o *smartphone* é o dispositivo que foi usado para gravar os áudios que geraram este livro. Antigamente eu teria que utilizar um gravador, ou de fita cassete, ou digital. Porém, hoje tudo isso está concentrado em um *smartphone*.

Outra inovação radical, essa é bem recente, e vale a pena destacar, foi o surgimento de aplicativos no celular para gerenciar o uso de carros particulares para o transporte pago de passageiros. Estou falando do Uber, Cabify e similares. Essa iniciativa revolucionou o mercado de transporte de passageiros de forma surpreendente. Apesar de concorrerem diretamente com os táxis, o uso de aplicativos expandiu o mercado para segmentos da população que não utilizavam táxis; pessoas que não gostavam de usar táxi, ou tinham medo ou preguiça de ir para a rua e chamar um, ou não gostavam de andar em um carro sujo, muitas vezes velho. O conceito utilizado pelo Uber trouxe o próprio carro particular, sem a aparência típica de um táxi, como se você estivesse com um motorista particular em um carro convencional de passeio; o carro chega rápido, após ser chamado pelo aplicativo, com um custo muito acessível – muitas vezes mais baixo do que o táxi – e isso aumentou o mercado não somente das pessoas que já utilizavam táxi, mas das pessoas que utilizavam carros particulares e que passaram a utilizar o Uber e deixar seus carros na garagem.

Isso mostra que a inovação, ao mesmo tempo que traz uma grande oportunidade de crescimento no mercado para a empresa que inovou, também pode gerar um impacto importante na sociedade. No momento em que há, nas grandes cidades do mundo, dificuldades crescentes de mobilidade urbana, o compartilhamento do uso de veículos particulares, por pessoas diversas, além do seu proprietário, permite uma redução significativa dos veículos em circulação, trazendo diversos benefícios associados. A inovação pode gerar uma grande mudança na forma com que a sociedade se comporta. Em pouco tempo o valor de mercado do Uber atingiu a ordem de dezenas de bilhões de dólares, com uma ideia simples, de baixíssimo investimento, mas muito inovadora. Diversos concorrentes, com propostas de valor muito similares, surgiram para disputar esse mercado com o Uber.

Óbvio que esses são os impactos positivos, mas há, também, os impactos negativos, como para os motoristas de táxi que viram uma concorrência que dispensa a compra de licença, pois utiliza o seu próprio carro particular, e que, apesar de não ser exatamente um táxi, atende o mesmo tipo de necessidade do consumidor, como se fosse uma carona paga agendada por um aplicativo, ou seja, funciona de maneira muito similar a um táxi. Mas os motoristas de táxi começaram a perder clientes, foram obrigados a melhorar a qualidade do serviço, a baixarem as tarifas. Muitos taxistas acabaram deixando o táxi e se cadastraram no Uber. Bastava ter um carro não muito velho, em bom estado, que em poucas horas estava habilitado para ser parte do Uber e oferecer o mesmo tipo de serviço, sem ter os custos de um táxi. Por mais que exista uma maneira de se encarar isso como uma concorrência desleal, observa-se ao longo da história da inovação tecnológica que é difícil segurar uma mudança com grande aceitação no mercado.

O exemplo do Uber está associado a um contexto maior de inovações que têm se difundido muito recentemente, com importante mudança de paradigma, que são as redes colaborativas. O que está por trás desse conceito é o melhor uso dos recursos disponíveis, evitando subutilização, desperdícios e transformando a otimização dos recursos em uma nova forma de negócio. O que a ideia do Uber traz de novidade é o aproveitamento da ociosidade de veículos particulares para que outros, fora o proprietário e sua família, possam utilizá-lo para locomoção. Esse conceito tem sido aplicado em outros setores. A Airbnb, por exemplo, aplica esse modelo para o aluguel de imóveis por temporada. Pessoas que possuem imóveis subutilizados, ou que ficarão vazios por algum período curto, podem disponibilizá-los na Airbnb para aluguel de temporada, especificando as datas em que estará ocioso. A trackpad aplica o mesmo conceito do Uber para caminhões, no transporte de cargas. Os donos de caminhões podem vender fretes extras nos momentos de ociosidade, aumentando o uso do veículo e gerando uma renda adicional para o proprietário. Uma outra ideia, ainda muito embrionária, é a comercialização de comida excedente feita em casa. Muitas vezes a quantidade de comida feita para um almoço ou jantar em família é maior que o apetite das pessoas. Outras vezes, é mais barato e eficiente fazer uma quantidade maior e guardar para o resto da semana. Por que não comercializar esse excesso com quem não faz comida em casa e costuma se utilizar de entregas de restaurantes para se alimentar?

Uma outra inovação que traz uma evolução do conceito do Uber, que ja começou a surgir em diversas partes do mundo, é o *car sharing*, ou veículo compartilhado. Funciona parecido com uma locadora de veículos, mas ao invés do locatário escolher um modelo de veículo, pagar o aluguel e ir buscá-lo no estacionamento da locadora, os veículos, normalmente padronizados ou com poucos modelos distintos, são espalhados em diversos pontos da cidade, como as bicicletas compartilhadas que existem no Rio de Janeiro, em Paris, Barcelona e outras cidades. Através de um aplicativo de celular, o usuário, pré-cadastrado no aplicativo, desbloqueia um dos veículos disponíveis no local e o utiliza pelo tempo necessário, até deixá-lo de volta em qualquer dos diversos pontos de retirada e devolução do veículo.

# 12

Quando acontece uma inovação, dessas que rompem as barreiras tecnológicas existentes até então, é muito difícil freá-la, por mais que existam motivações aparentemente justas, sejam sociais ou de mercado.

Um exemplo, que ilustra bem o impacto no mercado de uma inovação, ocorreu com as operadoras de celular. Até há pouquíssimo tempo, as operadoras móveis em todo o mundo tinham receitas vindas praticamente de três fontes diferentes: o serviço de voz, que permite falar por telefone móvel de qualquer lugar, desde que haja serviço disponível; pelo uso da rede de dados, que é o acesso à internet móvel via *smartphone*; do que se chama de serviço de valor agregado, que é um conjunto de outros serviços oferecidos para facilitar a comunicação, ou atender alguma necessidade especifica do consumidor, como o serviço de mensagens de texto curtas (SMS), o correio de voz, a transferência de chamadas, a chamada em espera, a conferência entre mais de duas pessoas, dentre outros. Há não muito tempo surgiu um novo conceito, que o mercado chama de OTTs (*Over The Top content*), que são aplicações independentes, que normalmente são executadas através de algum aplicativo instalado no *smartphone* e que funcionam utilizando a rede de dados das operadoras, à revelia delas.

Um exemplo clássico é o aplicativo do WhatsApp. Trata-se de um aplicativo que começou oferecendo, de uma forma muito simples, um serviço de envio e recebimento de mensagens como se fosse um substituto do SMS, porém isso ocorria sem que a operadora autorizasse ou auferisse qualquer receita pela utilização do serviço. Pelo contrário, ele sucateava o serviço de mensagens de texto das operadoras, não somente por ser gratuito, mas também por ter uma série de outras funcionalidades. O aplicativo simplesmente se conectava à rede de dados e trocava mensagens, via internet, entre um usuário e outro. Mais adiante, começaram a oferecer, também, o serviço de voz. E o que aconteceu com as operadoras? Elas viram, repentinamente, uma queda muito forte em receita, tanto de serviços de mensagens de texto (SMS) como no serviço de chamadas de voz e não somente pelo WhatsApp permitir que se faça chamadas de voz, mas porque a simplicidade e eficiência de uso do serviço de mensagens via WhatsApp é tão grande que reduziu, também, a necessidade de chamadas de voz.

Tomando-me como exemplo, anos atrás a quantidade de minutos que eu falava, por mês, no celular, era muito maior do que eu falo hoje, pois a necessidade de falar ao telefone (serviço de voz) foi reduzida drasticamente e substituída pelo envio e recebimento de mensagens de texto através do WhatsApp. Há vários outros exemplos de aplicativos que seguem o mesmo conceito, mas o WhatsApp é ainda o mais abrangente e eficiente utilizando o celular. Há outros, como o Skype, por exemplo, mas que foi desenhado para utilização em computadores laptops ou desktops.

O grande detalhe, aqui, é que não existe custo para a utilização. O que antes era um serviço pago para enviar mensagens de texto, hoje é feito sem custo. Com essa grande popularização deste tipo de aplicativo não adianta as operadoras tentarem brigar contra essa revolução tecnológica disruptiva. Elas têm que assimilar essa nova realidade e, a partir dela, ver como pode auferir receitas novas para compensar ou superar as receitas perdidas nos serviços de mensagens de texto e de voz. Isso vem a corroborar que a inovação cria novos mercados, desloca mercados e quem não inova acaba ficando para trás. As operadoras, que estavam em uma posição confortável, obtendo receitas crescentes por meio dos serviços de voz e de mensagens de texto, de repente se viram ameaçadas por um aplicativo simples que utilizava a própria rede de dados das operadoras e começou a canibalizar toda a sua receita. Assim, para sobreviver, a operadora também precisa inovar. Da mesma forma que aconteceu a inovação do lado do aplicativo, prejudicando as receitas das operadoras, outra inovação deve acontecer do lado da operadora, criando novos serviços, atendendo novas necessidades dos usuários e, com isso, trazendo receitas novas.

Obviamente, o impacto positivo é a redução de custo que houve para o usuário, que hoje não precisa pagar tanto quanto precisava para fazer uma comunicação através de mensagens de texto ou de chamadas de voz. Isso ilustra como a inovação radical movimenta o mercado, trazendo tanto impactos positivos quanto negativos para os agentes corporativos e sociais envolvidos. Os agentes que conseguem sair da passividade e também inovar, ao invés de lutar contra uma outra inovação já popularizada no mercado, estão num caminho promissor. Por isso que a inovação é uma ferramenta tão importante para se diferenciar e melhorar a participação no mercado, enfrentando a concorrência de uma forma muito mais eficiente.

Voltando ao tema das diferentes classificações da inovação, é importante relembrar o leitor que esses termos são muito mais usados para facilitar o entendimento didático. Na prática, as fronteiras entre as classificações não são tão claras quanto na teoria. Como já explicado, as classificações da inovação são baseadas no impacto que produzem no mercado e denominadas como inovações radicais ou incrementais.

Se pensarmos em termos de revolução de produto, sob a ótica do impacto tecnológico gerado pela inovação, há também a inovação disruptiva. Esse termo "inovação disruptiva", como o mercado o entende, está muito mais ligado a um tipo de tecnologia aplicada a um produto que realmente revoluciona o produto tecnologicamente. E, quando se fala de inovação incremental ou radical, está se falando muito mais do impacto produzido no mercado e não do avanço tecnológico envolvido.

A inovação incremental normalmente atende um mercado já conhecido que receberá um produto melhorado, com novas características e novas funcionalidades. A mudança é definida como inovação porque estão sendo acrescentadas novas funcionalidades em produtos existentes, ou, em outros casos, o produto pode ser totalmente novo, mas está sendo inserido no mesmo mercado, no mesmo público-alvo existente. Neste caso, o produto novo poderia ser chamado de produto substituto a outro já existente e que ataca o problema de forma diferente, mas resolve a mesma questão. Por isso, ele é substituto.

Se pegarmos, novamente, o exemplo do Uber, o leitor perceberá que o produto inovador está muito na fronteira entre a inovação radical ou inovação incremental, pois poderia ser dito que se trata de uma inovação incremental com produto substituto, uma vez que o mercado é o mesmo dos usuários de táxi, ou seja, por mais que o produto seja novo e revolucionário, ele está atendendo a um mesmo propósito de um táxi. Por outro lado, a inovação foi tão grande que ela expandiu o mercado. O mercado de usuários de táxi era um antes do Uber e passou a ser outro depois dele. Além disso, também trouxe um impacto enorme em toda a organização da sociedade em torno desse negócio envolvendo transporte de passageiros em veículos privados. Por isso, a inovação do Uber é melhor classificada como uma inovação radical.

Falando mais sobre as características das inovações radicais, elas normalmente entram em um mercado totalmente inexplorado, por isso trazem consigo um nível de incerteza muito maior, e, muitas vezes, não se consegue fazer nenhuma previsão de como será o retorno daquele novo produto, pois, simplesmente, é desconhecido o tamanho do mercado que será atingido. A inovação é radical porque antes dela não havia nada, ou seja, ela não está substituindo outro produto, ela está simplesmente entrando no mercado e atendendo a uma nova necessidade.

# 13

Trarei um exemplo recente de uma inovação radical. Porém, antes é preciso fazer uma pequena introdução, contando um pouco do histórico de forma a dar base para que se entenda essa inovação. Ela aconteceu dentro do mercado de telecomunicações e, quem o conhece, sabe que não só no Brasil, mas em diversas partes do mundo, ele teve um crescimento gigantesco a partir do final da década de 1990 e durante todo este século XXI. Para se ter uma ideia, na década de 1990 nós tínhamos, falando sobre o Brasil, poucos milhares de usuários de telefonia celular e, hoje, esse número atinge praticamente 100% da população. Na realidade, se medirmos por quantidade de linhas vendidas, chega a ultrapassar 100%, pois muitos usuários têm mais de uma linha, de diferentes operadoras, com o intuito de obter vantagens em preços e pacotes promocionais que as operadoras frequentemente oferecem.

Se utilizarmos o mercado brasileiro como exemplo, cada uma das operadoras no país – refiro-me às quatro maiores – tem mais de cinquenta milhões de linhas. Existem algumas outras menores mais segmentadas em alguma região geográfica ou em determinado segmento de mercado, porém as operadoras de abrangência nacional e que focam em todos os segmentos são quatro.

Como todo usuário de telefone celular já vivenciou, muitas vezes uma pessoa está falando com alguém e a ligação cai, ou está em algum lugar e precisa ligar para alguém, mas não há sinal – às vezes em uma estrada, ou dentro de um elevador, num túnel ou em uma cidade menor, mas, não muito raramente, também, em grandes centros. Outras vezes, o usuário está tentando navegar na internet, ou utilizar o seu cartão de crédito passando-o numa máquina de PoS (*Point of Sale*) – que são conectadas através da rede de celular – e não consegue.

Imagine agora uma operadora qualquer, que tem milhares de funcionários, na ordem de dez mil, espalhados em diversos departamentos. Se pegarmos o departamento que se concentra no atendimento ao cliente, deve haver milhares de funcionários. Imagine que um dos cinquenta milhões de usuários, que está com um determinado problema, decida ligar para a operadora a fim de reclamar. Se uma quantidade ínfima desses usuários ligasse todos os dias, a central de atendimento dessas empresas seria derrubada, uma vez que ela não tem estrutura para isso. E, quando tem estrutura, ela se propõe apenas ao atendimento e registro daquela reclamação. Porém, para que a reclamação tenha efeito na melhoria da qualidade do serviço, tal queixa precisa fluir para dentro da empresa, para a área técnica, que tentará encontrar a sua causa e, a partir dela, definir uma ação de melhoria. Esse trajeto vai se afunilando mais cada vez que se aproxima das áreas mais especializadas, onde o número de recursos disponíveis é cada vez mais reduzido, o que faz com que o atendimento a essas reclamações seja demorado e, muitas vezes, inconclusivo.

A forma que se tem de tratar uma reclamação, e aqui entra outro problema, porque, na quase totalidade das vezes, o usuário que liga para reclamar não possui, e nem deveria possuir, um perfil técnico especializado para descrever o problema de forma precisa e ajudar no diagnóstico da falha a ser feito pelos especialistas. Tampouco o atendente da central de atendimento da operadora tem conhecimento técnico para poder fazer as perguntas corretas, ainda que tenha um *script* para isso, ou, principalmente, para conseguir descrever, dentro dos sistemas onde são registradas as reclamações, o problema de forma precisa. A quantidade de causas possíveis e as variáveis envolvidas que podem gerar um mesmo problema são enormes, fazendo com que o problema seja quase inviável de ser resolvido de forma rápida. Juntando tudo isso, as operadoras esperam que um número razoável de reclamações aconteça para priorizar e concentrar seus esforços nos problemas mais impactantes, e, a partir disso, tentar identificar, pesquisar sua causa.

Uma das formas que a operadora utiliza para identificar as causas de um problema é tentar reproduzi-lo na frente de seus especialistas, de forma que eles consigam perceber ou identificar quais são suas possíveis causas, dentro de um universo mais restrito de possibilidades. Uma forma muito usual de reproduzir uma falha para ser analisada é a utilização de um veículo, conduzido por técnicos da operadora, onde são conectados, em um equipamento de medições instalado no interior do veículo, diversos telefones e um GPS (que localiza onde o veículo está a cada momento). Os telefones fazem automaticamente diversas chamadas e acessos à internet, tentando reproduzir o comportamento de um usuário. O veículo fica percorrendo as ruas da cidade, fazendo chamadas e registrando toda a informação coletada, de forma a tentar reproduzir o problema, fruto de uma reclamação, para que, a partir disso, tenham elementos mais concretos para identificar a causa.

A descrição que fiz é de um processo longo, custoso, cujo resultado, na maioria dos casos, é de frustração do cliente, tanto pela demora e até mesmo porque muitas vezes não recebe retorno algum. Outras vezes, o problema simplesmente não é identificado, pois o sistema celular é dinâmico e influenciado por variáveis de todos os tipos, desde climáticas, demográficas, de trânsito e até de perfil de uso da rede. Assim, recriar exatamente as mesmas condições em que um problema aconteceu, em grande parte das vezes, não é possível.

Como melhorar esse tipo de situação? Uma inovação desenvolvida resolve esse problema. Ao invés de enviar um veículo dedicado a esse propósito, para ficar percorrendo as ruas da cidade e tentar replicar um problema que já aconteceu, por que não usar os telefones dos próprios usuários que já estão na rua? E por que esses telefones não podem fazer essas medições de qualidade de rede e de problemas que eventualmente aconteçam?

A primeira questão que surge aqui é: para que esse serviço seja feito, o usuário deve concordar. Mais do que concordar, ele tem que estar disposto a instalar algum aplicativo no seu telefone que irá fazer essas medições de qualidade na rede. Isso é algo bastante complicado de se implementar. Como a inovação para resolver esse problema foi feita, de forma a contornar essa questão? Optou-se por aplicativos de navegação, como os usados pelos motoristas para receberem chamadas de táxi, Uber, ou qualquer outro aplicativo utilizado no celular em movimento dentro de um veículo, tais como o Waze e outros bem conhecidos. A partir de um acordo corporativo com as empresas proprietárias desses aplicativos, e dessas empresas com os motoristas que usam o aplicativo, o motorista autoriza que sejam coletados dados de qualidade de rede celular através do aplicativo instalado. O taxista poderia ser generalizado para qualquer outro usuário em condições similares, desde que o aplicativo instalado tenha a capacidade de fazer medições contínuas na rede. Com isso, ao invés de um veículo que, ocasionalmente, percorre as ruas da cidade, com alto custo, que precisa estar todo equipado, a operadora passa a contar com milhares de veículos, rodando ao mesmo tempo e por toda a cidade e fazendo medições contínuas, através do aplicativo instalado no telefone do motorista. Assim, quando um usuário liga para reclamar de um problema, é possível "voltar" no tempo, naquela mesma hora e local em que ocorreu o problema, pois, com tantos aplicativos instalados em telefones que circulam por toda a cidade, quase sempre haverá algum que tenha passado naquele mesmo horário e região onde o usuário reclamante teve o problema, de forma que o problema possa ser identificado quase que instantaneamente.

Essa é uma inovação que envolve um certo grau de sofisticação tecnológica, porque tem que se desenvolver o que se chama de SDK, que é um conjunto de comandos que são inseridos dentro do aplicativo do telefone, a fim de que ele colete as informações necessárias para medir a qualidade da rede celular. Porém, muito mais do que a tecnologia envolvida, há a ideia inovadora de utilizar um aplicativo de propósito distinto para coletar uma informação e resolver um problema de identificar falhas de qualidade nas operadoras de celular de uma forma muito mais eficiente, rápida, de menor custo, e com resultados muito mais completos, detalhados e com maior abrangência de dados para identificação da causa.

Apesar da tecnologia envolvida ser avançada, a ideia de como aplicar essa tecnologia tem um impacto muito mais significativo na inovação do que a tecnologia propriamente dita. Por trás dessa ideia, por se tratar de um conceito muito novo, percebe-se como a ousadia em fazer algo totalmente inusitado foi importante para que a inovação ocorresse. Chegar em uma operadora que está há quinze ou vinte anos utilizando veículos circulando nas ruas, com toda uma estrutura para isso – motorista, técnico, equipamentos etc. –, e dizer para ela que, ao invés de ter um veículo dedicado circulando em locais e horários específicos, ela passará a ter centenas de milhares, com os dados coletados através de aplicativos instalados para chamar um táxi ou para navegar em um veículo, é bastante desafiador. A possibilidade da ideia não ser bem recebida é grande. Ou mesmo que a ideia seja bem recebida, demanda tempo para que ganhe maturidade dentro do mercado consumidor, para que toda a estrutura de uma empresa gigante, que é o caso de uma operadora de telefonia, consiga se preparar para consumir esse tipo de produto ao invés de fazê-lo da forma tradicional.

E os investimentos feitos para desenvolver essa tecnologia e para implementar a ideia através do desenvolvimento de uma tecnologia? Quanto tempo levará para que esse investimento tenha retorno? Será que ele ainda terá retorno mesmo? Apesar de ser um caso já consagrado e que se mostrou com retorno, e relativamente rápido e com grande sucesso, existem milhares de outros casos iguais a esse, onde a inovação ainda batalha para alcançar uma posição de destaque, enfrentando todas essas barreiras e tentando fazer com que o investimento seja, no mínimo, pago. E, quanto mais radical for a inovação, mais difícil e mais arriscado é esse processo.

Muitas vezes é necessário recorrer aos *early adopters*. Nesse exemplo, eles poderiam ser alguma operadora que se disponha a testar e validar aquele produto e, a partir disso, tem-se uma referência para ser utilizada com outros potenciais clientes.

Outra característica do mercado muito difícil para a inovação é a de que o seu potencial cliente pede referências. Porém, isso recai no dilema do ovo e da galinha: sem referências não se consegue clientes, e sem clientes não se consegue referências. Mas, de alguma forma, é necessário quebrar essa redundância cíclica. Para isso, frequentemente, é necessário o oferecimento de vantagens exclusivas para o primeiro cliente, com preços muito mais atrativos, para que ele tenha uma motivação a mais para adotar aquela tecnologia. Ainda assim, poderá persistir uma desconfiança que terá de ser quebrada. Muitas vezes, a única forma de convencê-lo é através do oferecimento do produto gratuitamente por um período curto de tempo.

Existem outros exemplos interessantes de inovações que ocorreram nos últimos vinte anos no segmento de telecomunicações. O setor de telecomunicações é muito interligado, globalizado, e, o que acontece em um país como o Brasil, não está muito distante do que acontece em outras partes do mundo.

A primeira grande inovação ocorrida há pouco mais de vinte anos foi a própria introdução da telefonia celular. Antes da década de 1990 o telefone celular já existia em algumas partes do mundo, mas de forma muito limitada. No Brasil, o surgimento começou no início da década de 1990. Nessa época, o sistema de telecomunicações no Brasil ainda era estatal. A grande inovação foi a mobilidade de uso do telefone, que era portátil e poderia ser utilizado em diversos locais, seja recebendo ou realizando uma chamada.

Porém, esses primeiros sistemas de telefonia celular tinham uma mobilidade limitada, uma vez que funcionavam melhor apenas nas áreas mais densamente populosas, mas não havia muita cobertura em ambientes fechados, nas periferias das grandes cidades, nas cidades de médio e pequeno porte e muito menos nas estradas. Além disso, como era um sistema analógico, tinha capacidade limitada, o que significa que permitia que poucos usuários poderiam utilizar o sistema, limitando muito sua massificação.

Com isso, criou-se no Brasil uma enorme demanda reprimida, com filas enormes para a compra de um celular. O preço da linha subiu muito, criando ágios em cima dos preços que eram vendidos pelas operadoras, pois, como não existia linhas disponíveis, as linhas eram comercializadas de uma pessoa para outra por um preço muito mais alto do que o preço de lista do serviço. Nessa época, além da capacidade limitada, o sistema somente proporcionava comunicação de voz. Obviamente, a inovação de passar a se comunicar com um telefone portátil e com mobilidade, ao invés do telefone fixo que somente lhe acharia em casa ou no trabalho, foi um grande salto que impactou diversos outros serviços que dependiam de comunicação. Um exemplo simples e direto é dos médicos que, naquela época, sempre que precisavam atuar em plantões carregavam um bip para chamados de emergência que, quando alguém precisava ser acionado, tinha que ligar para uma central telefônica que mandava um sinal de radiofrequência para tocar o bip do médico, e ele, por sua vez, tinha que ligar para a central a fim de saber qual era o recado. Depois isso evoluiu para um sistema de mensagens que, ao ligar para a central para contatar o médico, este já recebia um bip e, juntamente, uma mensagem com alguns caracteres, que normalmente informavam o número ao qual ele precisava ligar. Assim, o médico devia, obviamente, localizar um telefone fixo para ligar e pegar o recado completo. Com o telefone celular, acabou-se a necessidade do bip e do sistema de mensagens.

Com a aprovação da lei geral das telecomunicações, no final da década de 1990, o sistema de telecomunicações no Brasil, até então estatal, foi privatizado. Além disso, em cada região onde a operadora estatal foi privatizada, o governo lançou concessões para empresas privadas que poderiam operar e concorrer com as recém-privatizadas. O Brasil criou dez regiões e, em cada uma delas, passaram a haver duas empresas: uma privatizada e outra nova, que acabara de receber concessão para operar.

Essas novas empresas, que concorriam com as recém-privatizadas, montaram suas redes com uma tecnologia mais avançada, o sistema digital, que permitia uma capacidade de usuários bem maior quando comparado ao analógico – em torno de três vezes maior do que o sistema analógico que tivesse a mesma quantidade de equipamentos. Isso possibilitou disponibilizar muito mais linhas para novos usuários do sistema. De forma concomitante com o lançamento da tecnologia digital, foram lançadas duas inovações que tiveram um impacto bastante importante na sociedade. Uma delas foi o sistema pré-pago, uma vez que, até então, para se utilizar o serviço da telefonia celular era necessário você possuir uma conta, com crédito pré-aprovado, que era paga após o consumo ser medido, no final do mês – o sistema pós-pago, que existe até hoje –, porém isso restringia muito o uso do celular pelas camadas mais carentes da sociedade. Em alguns casos, as pessoas não tinham referências cadastrais para ter uma conta pós-paga aprovada. Em outros casos, a dificuldade de controle dos gastos, pela falta de um limite para uso do telefone, e o valor mensal da assinatura, um valor mínimo a ser pago por mês, independente do uso, afugentava os potenciais usuários de menor renda. Isso restringia o uso do telefone celular a uma pequena camada da sociedade. Contudo, com o lançamento do pré-pago – através da compra de um cartão com valores predefinidos – era possível ter um controle de gastos efetivo, pois, quando acabasse o cartão, somente através da compra de outro para conseguir continuar utilizando o sistema. Por outro lado, o pré-pago não exigia cadastro e nem tinha assinatura mensal. Além disso, mesmo que acabassem os seus créditos, o sistema permitia que você continuasse recebendo ligações.

Isso criou um aumento estrondoso no número de linhas vendidas e popularizou o uso do celular. Tanto que, em pouco tempo, o sistema pré-pago passou a representar cerca de 70 a 80% das linhas ativas em comparação com as linhas pós-pagas. Essa inovação popularizou o uso do sistema. Muitas pessoas compravam poucos créditos e usavam o celular simplesmente para poder receber ligações. Assim, passou-se a conectar uma camada importante da sociedade e, obviamente, trazendo atrelado um impacto socioeconômico bastante importante, uma vez que muitos profissionais autônomos – prestadores de serviço, tais como manicures, pedreiros, entre outros – podiam ser facilmente acessados, onde quer que estivessem, através de um telefone celular, integrando-os em um mercado bem mais abrangente. Eu me recordo que, no Rio de Janeiro, por exemplo, a nova operadora lançada para concorrer com a ex-estatal se chamava ATL® e, no dia em que lançou o sistema – em dezembro de 1998 –, as pessoas formaram filas, com um dia de antecedência ao lançamento, para a compra de linhas, e as lojas ficaram completamente lotadas durante todo o final de semana que se seguiu.

Além do pré-pago, foi lançado também o serviço de mensagens curtas, *short message*. Era um serviço que só passou a existir a partir da tecnologia digital. Ele existe até hoje, mas, na época, era limitado a alguns caracteres, e permitiu que a comunicação acontecesse não somente por voz, mas, também, por escrito, muito similar a um e-mail, porém com a quantidade de caracteres restrita e sem anexos. Também teve um grande impacto na comunicação entre pessoas, e tornando-se uma inovação bem importante, que trouxe muita receita nova para as operadoras e que teve muita aderência com o usuário. Este serviço foi, durante muitos anos, bastante utilizado, apesar de ser relativamente caro se comparado ao serviço de voz.

No início do século XXI foi lançada uma nova tecnologia digital, que alguns chamam de geração dois e meio, que foi uma tecnologia que dava uma maior capacidade para o sistema e permitia a incorporação de novos serviços e funcionalidades. Porém, o que essa nova tecnologia trouxe de mais importante foi o lançamento da rede de dados através do celular, que é passar a ter conexão com a internet a partir do telefone celular. No entanto, a qualidade dessa conexão era muito precária, pois a tecnologia ainda não permitia velocidades altas de transmissão e recepção de dados. Assim, a quantidade de serviços que podiam utilizar essa tecnologia de dados era bastante restrita.

Ainda assim, a partir da rede de dados no celular, apesar das suas limitações, surgiu uma outra inovação que teve um impacto muito grande na sociedade, que foi, no ano de 2007, o lançamento da primeira geração do iPhone pela Apple®. Esse aparelho trouxe uma série de inovações como uma interface mais amigável; uma tela colorida, com uma qualidade gráfica melhor do que os demais telefones que existiam na época; a facilidade de navegar na internet; o *multitouch screen (tela de múltiplos toques)*, que utilizava a tecnologia de tela capacitiva e permitia usar mais de um dedo simultaneamente para navegar na tela – utilizando dois dedos você poderia ampliar ou diminuir uma imagem na tela, por exemplo, dentre diversas outras inovações. O telefone lançou um conceito novo, que depois se popularizou muito: foi o conceito do *smartphone* ou telefone inteligente. Contudo, ele ainda tinha limitações, uma vez que só funcionava com a tecnologia de segunda geração e meia – conhecida como tecnologia GSM – e, por isso, o serviço de dados era de baixa velocidade, numa época em que a tecnologia 3G, com velocidade bem mais alta, transmissão e recepção de dados, já estava se difundindo pelo mundo. Apesar disso, a Apple® conseguiu lançar uma série de aplicativos que, mesmo com a internet limitada, conseguiam oferecer novos serviços para os usuários de telefonia celular. Quando se observa a evolução do tráfego de dados em telefones celulares, percebe-se claramente que, com o lançamento do iPhone, houve um grande salto em utilização da rede de dados através do celular.

No segundo semestre do ano de 2007, no Brasil, foi lançada a tecnologia 3G, permitindo uma rede de dados com uma velocidade bem mais alta, que passou a ser caracterizada como uma banda larga móvel. Banda larga significa o acesso à rede de dados, à internet, em alta velocidade; e móvel, pois não era necessário estar em um computador, em casa. O acesso à internet em alta velocidade poderia ser feito através do seu celular. A partir disso houve uma explosão de novos serviços oferecidos.

Em meados de 2008, a Apple® lançou a segunda geração do iPhone, que já possuía a tecnologia de terceira geração (3G).

Outra inovação que aconteceu a partir do surgimento da tecnologia 3G, embora ela não tenha trazido um grande impacto para os usuários, era a possibilidade de se fazer videochamadas, as quais aconteciam não somente através da comunicação por voz, mas, também, visualmente se tinha a imagem do seu interlocutor. No entanto, essa inovação era muito mais utilizada para se fazer uma espécie de *show* pirotécnico mostrando os diferenciais da tecnologia 3G, para reforçar o conceito da evolução tecnológica, do que um serviço que tivesse grande utilidade. Na prática, trata-se de uma inovação que nunca foi muito utilizada. Raramente as pessoas faziam videochamadas; as chamadas somente por voz eram muito mais frequentes. Mas a outra inovação mais relevante da rede 3G foi a rede de dados de mais alta velocidade, a banda larga móvel, que trouxe um grande impacto para a sociedade.

Uma grande surpresa a partir da inovação gerada com a rede de dados móvel de alta velocidade, que começou com a tecnologia 3G, foi que as operadoras de telecomunicações subestimaram, e muito, a demanda que existia no mercado pelo serviço de banda larga móvel. As redes foram implementadas com uma capacidade muito menor do que a demanda existente no mercado. A tecnologia 3G, por permitir uma rede de dados móvel em alta velocidade, começou a competir diretamente com o acesso à internet por rede fixa, o qual tinha uma penetração muito baixa na população, pois a oferta deste serviço era concentrada nas áreas mais nobres das grandes cidades.

Quando as operadoras se deram conta disso, tiveram grande dificuldade para atender essa demanda, pois o tempo de reação para ampliar a capacidade da rede de dados 3G era demorado. Posso afirmar, porque participei e trabalhei nesse setor durante muitos anos, que não faltavam investimentos, os quais eram vultosos. Porém, não havia tempo hábil para se implementar a expansão da rede no mesmo ritmo em que a demanda crescia. Levou bastante tempo – mais de três anos – para se conseguir equilibrar a oferta e a demanda.

Outro impacto social que também surpreendeu as operadoras foi que a grande demanda por rede de dados não vinha dos grandes centros, das regiões de maior poder aquisitivo, mas das áreas periféricas e de baixa renda.

Assim como aconteceu na época do lançamento do pré-pago – onde houve uma popularização do uso da telefonia celular para chamadas de voz –, com o lançamento da tecnologia 3G foi possível que as camadas mais pobres tivessem acesso à internet. Antes do 3G, o acesso à internet de boa qualidade só era possível através da rede fixa e em ambientes fechados, como residências e escritórios, e nas áreas de melhor poder aquisitivo. Quando a rede móvel foi lançada com tecnologia 3G, e como a cobertura dessa rede alcançava as periferias, havia uma demanda reprimida muito grande pelo acesso à rede de dados de alta velocidade, que começou a ser atendida com o 3G. O impacto social foi grande, porque aumentou bastante a quantidade de serviços possíveis de serem ofertados para as camadas mais pobres, uma vez tendo acesso à internet. Isso gerou, também, um impacto econômico muito grande na região. Inclusive há estudos que mostram uma relação entre o PIB de uma região, ou de um país, com o percentual de penetração da banda larga na população. Quanto maior o número de acessos, maior é o PIB do país.

Chegando mais próximo aos dias atuais, há cerca de três anos foi lançada uma nova tecnologia, chamada de 4G. O seu grande diferencial foi uma velocidade de acesso à internet bem maior do que a 3G, que tinha uma velocidade razoável, permitindo a oferta, com boa qualidade, dos serviços chamados de *streaming*, que possibilitam vídeos, músicas e conversas de voz serem transmitidas online pela rede de dados, ou seja, enquanto são reproduzidas ou geradas.

Com isso, os serviços de *streaming*, principalmente os que consomem muito o uso de rede de dados, como, por exemplo, os serviços de vídeo *streaming*, tais como You-

Tube, se popularizaram muito. É facilmente observável o crescimento de vídeos circulando na internet, sendo muitos deles gravados e transmitidos pelo telefone celular (*smartphone*) através da rede de dados de alta velocidade. O que já era possível com a rede 3G, ficou com uma qualidade muito melhor.

Essa inovação tecnológica também promoveu um grande impacto socioeconômico, porque possibilitou a oferta de serviços, como, por exemplo, da educação a distância, através de videoaulas, utilizando o dispositivo móvel.

O lançamento da rede 4G, além de possibilitar uma banda larga de maior velocidade do que o 3G, permitiu também uma latência menor. E o que é latência? É o tempo que leva para se enviar um pacote de dados e ele chegar ao seu destino.

A forma mais tangível de observar o comportamento da latência é quando vemos transmissões de televisão ao vivo, principalmente quando se está em outro país, que uma pessoa de um dos lados faz uma pergunta e a outra leva um tempo para ouvi-la e respondê-la. O que os canais de TV chamam de *delay*, na realidade, é o efeito dessa latência. O bom funcionamento de muitos serviços, entre eles o de transmissão de vídeos ao vivo, depende de uma latência baixa, o que as redes 4G permitem.

Em todo esse período – que começou no final da década de 1990 até hoje, ou seja, de aproximadamente vinte anos – observamos o enorme crescimento da penetração da telefonia celular no Brasil, que não chegava a 3% da população no início. Atualmente, já ultrapassa os 100%, uma vez que muitas pessoas possuem duas linhas de telefone e precisam estar sempre conectadas, e em alguns lugares o serviço de uma operadora não funciona bem, mas o da outra funciona. Por outro lado, há também uma disputa feroz entre as operadoras na oferta de planos, promoções e preços melhores, o que faz com que, às vezes, uma operadora tenha um plano muito bom para o acesso à rede de dados e a outra tem um bom plano para a comunicação por voz. Assim, para as pessoas terem o melhor conjunto desses planos, acabam tendo mais de uma linha para obterem o serviço mais barato possível.

Isso é importante para mostrar que há uma saturação no mercado de comunicação entre pessoas. Se mesmo em países em desenvolvimento, como o Brasil, já há uma penetração maior do que 100%, como as operadoras e telefonia irão crescer? O novo grande *boom* dos serviços de telecomunicações (por *boom* entenda-se a grande revolução), que todo o mercado está apostando muito, é um conceito chamado *internet of things* – IoT, ou internet das coisas. No conceito de "coisas" entra tudo: qualquer objeto, dispositivo, animais, veículos, eletrodomésticos, medidores de consumo de energia e água etc. Tem-se desde veículos que precisam ser monitorados a distância para controle logístico, ou para controle de segurança; animais que são rastreados para não se perderem; uma planta industrial que precisa de maior eficiência; máquinas que operam no campo, que precisam ser monitoradas para se conseguir tomar decisões rápidas e melhorar a qualidade do serviço executado até  a automação residencial.

Assim, em pouco tempo começaremos a observar todos os nossos eletrodomésticos conectados à internet e, com isso, se eles apresentarem alguma falha é possível, rapidamente, avisar o fornecedor e acionar uma manutenção, ou então, se sua residência ficou sem sabão em pó para abastecer a máquina de lavar roupas, o fornecedor é automaticamente avisado e repõe o estoque.

O fabricante dos equipamentos conseguirá – o que já acontece com alguns dispositivos que são ligados à internet – fazer um upload de versões novas de software e resolver problemas com o dispositivo. Permitirá o controle de uso da energia na sua residência, para que se tenha uma utilização mais eficiente – entrando em um conceito chamado de *smart grid* (rede inteligente), que é quando toda a rede elétrica passa a ser digitalizada, com conexão à internet, indo desde os transformadores que alimentam determinadas regiões até os medidores que fazem o consumo residencial de energia. Hoje, na quase totalidade dos casos, a medição de consumo de energia ainda é feita de forma manual. Uma vez por mês um funcionário da distribuidora de energia vai à sua residência fazer a leitura do medidor. Mas, com o acesso desse medidor à internet, que está dentro desse conceito de internet das coisas, isso não será mais necessário. Da mesma forma, os dispositivos na sua residência – eletrodomésticos, iluminação etc. –, por estarem conectados, possibilitam o lançamento de serviços baseados em software, que conseguirão gerenciar o consumo de energia da sua residência de forma mais eficiente.

Será possível informar, por exemplo, para quem tem um chuveiro elétrico, que não é legal tomar banho em determinado horário porque a tarifa do consumo de energia é muito alta naquela hora. Obviamente, para que esse tipo de benefício funcione, as tarifas de consumo de energia precisam ter variação de preços hora a hora. Isso é um estímulo ao uso mais eficiente da energia através de uma distribuição mais uniforme ao longo do dia, evitando os picos, porque são justamente eles que sobrecarregam o sistema e que demandam grandes investimentos. Assim, distribuir o uso de energia de forma mais eficiente durante o dia representa uma enorme economia no sistema de transmissão, geração e distribuição de energia. Todos os eletrodomésticos que consomem muita energia – como o ferro de passar roupas, por exemplo – tornam-se possíveis de ser gerenciados de forma mais eficiente, reduzindo o valor da conta e reduzindo, também, os investimentos necessários para a geração, transmissão e distribuição de energia no país.

Quando se dá um passo além da matriz de geração de energia tradicional, investindo em uma geração de energia distribuída – que é a produção de energia a partir da própria residência ou unidade industrial através de outros métodos, como a energia eólica, produzida através do vento, e a energia solar, através da luz do sol, vários benefícios adicionais são possíveis. Pegando o exemplo de um painel solar instalado numa residência, que gera energia para o consumo da residência, mas, dependendo da intensidade da luz solar, pode gerar em algumas horas mais energia do que o necessário para abastecer a casa, é possível disponibilizar o excedente para a rede elétrica pública, vendendo o excesso para o sistema, o que permitirá uma maior otimização dos custos residenciais. Por outro lado, é criado, também, um conceito de uso muito mais eficiente da energia de forma distribuída, não dependente, exclusivamente, de uma matriz térmica, através de termoelétricas, ou principalmente de hidroelétricas, que dependem de uma geração centralizada, com enormes desafios de transmissão e distribuição dessa energia.

Utilizei o exemplo do sistema elétrico, mas com o uso da internet das coisas (IoT) há uma infinidade de novos serviços inovadores, muitos ainda não imaginados, que facilitarão nossas vidas e possibilitarão enormes impactos sociais positivos.

Para se ter uma ideia, hoje temos alguns poucos bilhões de dispositivos conectados à internet no mundo. Para o ano de 2020 há uma previsão de ter mais de 20 bilhões de "coisas" conectadas – ou seja, de três a quatro vezes mais o que se tem hoje de telefones celulares no mundo. E, em poucos anos, esse número chega a 50, 70, 100 bilhões de dispositivos conectados. Assim, a grande revolução no sistema de telecomunicações, nos próximos cinco anos ou mais, será a internet das coisas.

Posteriormente, outros exemplos do impacto da internet das coisas na vida das pessoas serão citados, pois trata-se de uma inovação tecnológica que pode ser caracterizada como radical por todo o impacto que traz em todos os segmentos sociais. Ela muda a vida em sociedade, permite uma série de serviços que não poderiam ser oferecidos antes e traz uma fonte nova e gigantesca de receita para as operadoras, que chega em um momento bastante importante, quando as operadoras estão perdendo receita com os tradicionais serviços de voz, tv a cabo e acesso à internet. Algum tempo atrás também o serviço de SMS gerava muita receita. Porém, aplicativos como o WhatsApp criaram um atalho, independente do envolvimento direto das operadoras, utilizando a rede de dados para oferecer um serviço de mensagens gratuito, que acabou com a receita das operadoras na venda desse serviço.

Mais recentemente, aplicativos como o Facetime, dos telefones da Apple®, o Skype e outros similares, proporcionaram a chamada de voz através da rede de dados (internet), o que fez com que a receita das operadoras reduzisse drasticamente com o serviço de voz. Sobrou, para essas empresas, vender o acesso à rede de dados. Porém, tal receita não é suficiente para manter a operadora lucrativa face aos grandes investimentos e custos operacionais que são necessários para manter o sistema funcionando.

A internet das coisas permitirá uma série de novos serviços rodando em cima da rede de dados e, com isso, a operadora pode oferecer tal serviço, em parceria com outras empresas, e ter novas fontes de receitas para superar essa queda drástica, que aconteceu durante os últimos dez anos a partir de outras inovações tecnológicas já citadas aqui. Isso ilustra bem como a inovação mexe com todo o ambiente socioeconômico, e como ela é importante para que você possa se diferenciar, criar receita. Se você não inova, mas seu concorrente sim, ele ganha receita e começa a retirar a sua fatia no mercado. A inovação é uma ferramenta, um mecanismo muito poderoso de diferenciação, de revitalização em momentos de crise, de aquisição de novos mercados.

# 14

Existe uma tendência em associar a inovação tecnológica com o desenvolvimento de uma tecnologia inédita ou disruptiva. Muitas vezes uma tecnologia nova desencadeia o surgimento da inovação, mas nem sempre isso acontece. A inovação pode ocorrer com base em uma tecnologia já existente no mercado, mas que não havia sido utilizada para aquele propósito.

Vejam o exemplo de inovação de uma empresa carioca, atuante no mercado de educação musical chamada "Mais que música", ou, simplesmente, "MqM", fundada em 1996 por Heitor Castro, um jovem músico, muito talentoso e empreendedor. Heitor sempre gostou de música, aprendeu a tocar violão bem jovem, mas se formou em informática. Chegou a trabalhar como analista de sistemas numa empresa de tecnologia, mas decidiu abandonar a carreira em tecnologia da informação (TI) para estudar música na GIT, em Los Angeles, CA (EUA), formando-se com direito a uma menção honrosa pelo seu desempenho como aluno.

Quando voltou ao Brasil, foi morar na casa dos pais e começou a atuar como professor particular de violão. Em pouco tempo tinha 40 alunos frequentes e lançou sua primeira inovação gravando e vendendo, em DVDs, ritmos e batidas musicais para seus alunos treinarem em casa. Sem espaço suficiente para suas aulas, pois sua mãe já não aguentava mais tanto "entra e sai" de alunos em sua residência, Heitor decidiu abrir sua primeira escola física no Bairro da Barra da Tijuca, inaugurando a Mais que Música.

Logo a MqM cresceu e outras três filiais foram abertas, chegando a ter 300 alunos no total. Neste meio-tempo os DVDs de batidas e ritmos musicais não paravam de aumentar as vendas e Heitor inovou novamente. Ele começou a gravar aulas de música em DVDs, oferecendo em vídeo todos os cursos disponíveis nas escolas físicas. Esses DVDs eram estruturados em cursos de diversos instrumentos musicais, tais como teclado, piano, violão, guitarra, baixo, além de cursos de canto e cursos teóricos de harmonia e percepção musical. Cada DVD trazia o conteúdo equivalente a um mês de aula presencial na escola.

Diferente de outros cursos a distância, que prometem fórmulas mágicas de aprendizado, com muito aprendizado em pouco tempo, Heitor procurou se diferenciar com promessas factíveis, com um conteúdo de alta qualidade, um método próprio e ótima didática, afirmando que não havia como encurtar o tempo de aprendizado sem esforço, dedicação e muito treino, o que não é possível num curto espaço de tempo. O próprio Heitor era o professor que ministrava as aulas gravadas e também era o cinegrafista, o editor dos vídeos e o autor dos livros didáticos que acompanhavam os DVDs. O material era adquirido através do website da MqM, o qual também é programado e atualizado pelo próprio Heitor. Em pouco tempo, ele atingiu a marca de 150 mil DVDs vendidos e superou – e muito – a receita das escolas físicas. Apesar disso, as escolas continuam funcionando.

De certa forma, os dois produtos se realimentam. As escolas físicas dão respaldo e credibilidade ao conteúdo dos DVDs, e as aulas presenciais, com interação direta com os alunos, servem para aprimorar os cursos em vídeo. Há aproximadamente uns dois anos, além dos DVDs, a MqM lançou também cursos através de uma plataforma *streaming* de ensino a distância, via web, destacando-se, possivelmente, como a maior escola de ensino de música a distância do Brasil. Para completar, Heitor inovou outra vez com o lançamento de um canal no YouTube que já possui mais de 500 mil seguidores. Nesse canal ele oferece dicas musicais e algumas aulas gratuitas. Pela quantidade de seguidores, o YouTube também remunera o Heitor mensalmente por propagandas inseridas em seus vídeos. Muitos podem se perguntar: Mas onde está a inovação neste caso, já que diversas outras pessoas possuem canal no YouTube há bastante tempo e também são remuneradas por isso? A inovação está na introdução de novos produtos, pelo Heitor, que geram receitas novas dentro do mesmo negócio, ainda que este produto já exista no mercado, mas dentro de outro contexto.

É interessante notar neste exemplo que em nenhum momento houve o envolvimento de qualquer tecnologia nova ou revolucionária. Portanto, isso volta à questão de que a inovação não está, necessariamente, atrelada a uma nova tecnologia. Ela está na quebra de paradigma, na aplicação de tecnologias ou processos, ainda que já dominados, mas de uma forma inovadora, fazendo com que o mercado atingível fosse muito além do entorno das suas escolas físicas, atingindo todo o Brasil e até mesmo outros países. Uma tecnologia existente aplicada de maneira inovadora fez que o mercado da MqM saísse de um raio de cerca de 10km em torno das quatro escolas físicas, para um raio de milhares de quilômetros. Mais do que isso, a inovação também permitiu que o custo despencasse. Além de diversos custos fixos, como aluguel, energia, administração etc., numa escola física cada aula precisa ser dada presencialmente. No ensino a distância uma mesma aula gravada pode ser replicada infinitas vezes e os custos fixos são muito reduzidos. Heitor começou, agora, a gravar as aulas em outros idiomas, iniciando pelo inglês, o que possibilita uma expansão ainda maior do mercado potencial da MqM.

Vale destacar que não bastou a visão empreendedora e inovadora do fundador para que a MqM desse certo. Foi necessário muito trabalho, dedicação e um enorme talento para a música, além, obviamente, de fatores imponderáveis que ajudaram para que tudo fosse como foi. Apesar dessa conjuntura favorável, nada teria sido alcançado se não fosse o trabalho, a dedicação e o talento do fundador.

Isso me faz lembrar da filosofia clássica grega que, através de Aristóteles, dizia que para que algo seja exercido com excelência, ou Aretê, é necessário talento, motivação, muita preparação, dedicação e trabalho. Dito de outra forma, o talento é muito importante, talvez até fundamental para que se exerça algo com excelência, mas, para se criar algo verdadeiramente diferenciado, inovador, o talento, somente, não é suficiente. Ele possibilita, sim, a largada com certa vantagem, mas precisa de muita dedicação, treinamento e perseverança para que o resultado seja atingido com excelência e supere os concorrentes. Uma ideia inovadora poderia ser vista como uma forma de manifestação do talento, mas somente a sua transformação em algo concreto, que tenha valor percebido por quem é afetado pela inovação, pode ser considerada inovadora de fato.

Por outro lado, mesmo a inovação sendo uma ferramenta muito importante para o aumento da competitividade, ela não é garantia de sucesso. Como no exemplo da Mais que Música (e em outros), fatores externos à empresa, e, na maioria das vezes, fora de controle – tais como a macroeconomia, mudanças regulatórias e, principalmente, o quanto o seu concorrente também inovou, o quanto avançou, o quanto modificou a forma com que vinha trabalhando –, contribui no resultado do seu negócio, seja ele bom ou ruim, à revelia de suas ações inovadoras.

No entanto, como diria Epicteto, pensador estoico grego: "Não perca seu tempo com aquilo que está fora de seu controle, gaste todas as suas energias com aquilo que você pode contribuir e fazer diferença". Nesse aspecto, a inovação exerce um papel muito importante, pois, se o objetivo é crescer, alcançar novos mercados e ganhar da concorrência, a inovação, seja através de uma tecnologia nova, inédita, ou vinda de uma tecnologia dominada, mas aplicada de uma forma diferente, torna muito mais fácil atingir os objetivos de aumentar a participação no mercado, ao invés de continuar vendendo mais do mesmo. A médio ou longo prazos, oferecer sempre o mesmo produto levará a uma concorrência pura e simples de preço, transformando aquele produto em uma *commodity*, reforçando que a inovação é uma ferramenta fundamental para a diferenciação. Aquilo que não tem diferença percebida e seu único valor é o monetário, é o que se chama de *commodity*.

Voltando à questão de gastar todas as suas energias com aquilo que você pode contribuir e fazer a diferença, eu gostaria de destacar que, apesar de existir fatores externos que irão contribuir para o resultado final, independente daquilo que você faça, e por mais que esses fatores externos fora de controle sejam numerosos, eles têm como característica existirem para todos. A diferença que vai consagrar o vencedor está na excelência da execução daquilo que está sob seu controle. É como uma corrida de cem metros: os fatores fora de controle são inúmeros, mas o talento, o treinamento e a dedicação trarão os centésimos de segundo que separarão o primeiro colocado do último.

# 15

Um tema que é bastante relevante, atualmente, quando se fala de inovação tecnológica, é o conceito da indústria 4.0. Esse nome surgiu a partir de uma análise de todas as inovações e revoluções que aconteceram ao longo do processo de industrialização no mundo, desde a primeira revolução industrial, no final do século XVIII, onde as inovações estavam relacionadas à criação do tear mecânico e das máquinas a vapor, que se tornaram mais sofisticadas. Um século mais tarde houve a segunda revolução industrial, onde a grande inovação passou a ser o uso da energia elétrica, do aço, de combustíveis e de motores alimentados por energia elétrica, ou seja, motores elétricos em substituição às máquinas a vapor. Um século depois poderia ser caracterizada a terceira revolução industrial, a partir do uso não somente da eletricidade, mas da eletrônica, que traz consigo a informática, com sistemas computadorizados, robôs e mecanismos que conseguem automatizar o processo produtivo.

Não mais em cem anos, mas umas quatro décadas após, surge o conceito da quarta revolução industrial e, por isso, o nome indústria 4.0, onde a inovação introduz os sistemas chamados de *cyber* físicos. A grande inovação da indústria 4.0 para o consumidor é a de conseguir ter processos produtivos customizáveis para a necessidade de cada consumidor individual. Obviamente, existe um desejo, uma quase utopia de customização de tudo, mas entre processos totalmente padronizados, como são atualmente, e um processo customizado para cada consumidor, há um nível gradativo que é justamente a evolução que acontecerá através da indústria 4.0, de permitir, cada vez mais, que o processo produtivo saia do padronizado para o customizado para cada consumidor. Isso vai marcar uma grande revolução na indústria, e que gerará um impacto social muito grande em todas as áreas envolvidas no processo produtivo e na economia de uma forma geral.

Algumas outras inovações tecnológicas mais específicas, e que são necessárias para que a indústria 4.0 funcione da forma que ela promete, tratam do conceito de internet das coisas (IoT), onde todos os dispositivos envolvidos no processo produtivo deverão estar conectados digitalmente à internet, à nuvem; e o conceito de *Big Data Analytics*, que possibilita que toda a informação coletada e enviada digitalmente consiga ser processada em tempo real. Outro passo fundamental é a virtualização, que poderia ser simplificada na separação completa do hardware e do software, onde o software, ao invés de ser instalado em uma máquina física, passa a ser instalado em uma máquina virtual, que se conecta a uma ou diversas máquinas físicas para ser processado. A máquina virtual, instalada na nuvem, utiliza os componentes físicos de um ou mais computadores reais. Para os que se interessam por filosofia, a virtualização poderia ser comparada ao conceito de dualismo platônico separando corpo e alma, onde a alma seria a máquina virtual e o corpo os computadores reais que processam a informação.

Todas essas inovações, ao serem aplicadas dentro do conceito de indústria 4.0, permitem que sejam feitos, automaticamente, diversos *setups* (configurações) diferentes de funcionamento de uma planta industrial, em distintas máquinas virtuais e em locais distintos. Assim, ocorre a descentralização e customização do processo produtivo. Como o *setup* não precisa ser feito manualmente, máquina a máquina, mas apenas na máquina virtual, torna-se possível a customização das plantas industriais, atendendo a necessidades de clientes específicos, ao invés de ser totalmente padronizada. O processo passa a ser muito simples, pois são disponibilizadas para o cliente, no momento da compra de um produto, as opções de customização do mesmo. Essa configuração customizada é atualizada dentro da máquina virtual que, por sua vez, é aplicada aos equipamentos fabris que podem estar espalhados por diferentes plantas industriais de locais diversos. Obviamente que ainda existem algumas limitações em torno do que é possível customizar, porém elas estão sendo superadas dia a dia, à medida que a tecnologia evolui, tornando-se mais madura.

Além dessas inovações, passa a ser muito importante, dentro do conceito da indústria 4.0, o que se chama, atualmente, de *Big Data Analytics* (BDA), que é a capacidade, baseada em software, de se coletar em tempo real um volume de dados gigantesco, heterogêneo e que se renova a cada segundo. Dito de outra forma, o *big data* é justamente a capacidade que se tem de coletar, analisar e entregar informações úteis a partir de um enorme volume de dados gerado initerruptamente.

Dentro da indústria 4.0, a partir da aplicação de todo esse conceito de virtualização e internet das coisas (IoT), criando-se, com isso, um ambiente totalmente digitalizado da planta industrial, torna-se necessário gerenciar esse novo processo de forma eficiente. A quantidade de informações que serão geradas a cada segundo é muito grande, principalmente quando se fala de ambientes descentralizados, de produção customizada a cada cliente, ou seja, é muita informação que precisa ser tratada em tempo real que, para ser gerida de uma maneira eficiente, impõe-se a aplicação das técnicas de *Big Data Analytics*.

Esse tema da indústria 4.0 é uma inovação de muito impacto na sociedade, na economia, e que está começando a acontecer agora. Ela envolve uma série de outras inovações tecnológicas agrupadas dentro desse conceito. Por isso, essa grande inovação não poderia escapar deste livro, uma vez que ela estabelece um marco, autodenominado como a quarta revolução industrial.

# 16

Uma virtude muito relevante para que a inovação aconteça é a coragem. Ela poderia ser definida como uma virtude moral, onde a razão determina a ação prática a ser tomada, como um dever, em detrimento dos temores e demais inclinações do corpo. A inovação exige uma certa subversão ou rompimento com a ordem vigente. Usando uma expressão popular, ela lhe retira da posição de conforto. É anti-habitual ou antinatural e, por isso, pressupõe coragem para assumir riscos, para trilhar um caminho nunca antes explorado, mas que se supõe ser mais vantajoso e promissor do que os demais existentes. Nesse aspecto, a inovação se aproxima muito do empreendedorismo – que também exige coragem, determinação e muita perseverança.

Vou aproveitar para relatar uma experiência pessoal. Em 2008 decidi abandonar uma carreira bem-sucedida, bem remunerada e com prestígio em uma operadora de telefonia celular para partir do zero como empreendedor e fundar uma empresa, batizada de WebRadar. Os momentos de alegria na operadora estavam cada vez mais raros, escassos. Por outro lado, desde criança eu tinha um forte desejo de empreender. Quando tomei a decisão de deixar a operadora e ir em busca de um ideal, junto com outros dois sócios, não foram poucos os que tentaram me dissuadir da ideia. Chamaram-me de louco e irresponsável. Neste ponto, lembro-me de uma frase do filósofo Nietzsche, extraída do livro *Assim falou Zaratustra*, onde ele dizia: "Se te apetece esforçar, esforça-te; se te apetece repousar, repousa-te; se te apetece fugir, fuja; se te apetece resistir, resista; mas saiba bem o que te apetece e não recue ante nenhum pretexto, porque o universo se organizará para te dissuadir".

Além de termos investido tudo o que tínhamos e não tínhamos na WebRadar, passamos mais de dois anos sem ter nenhum salário ou remuneração. Foram tempos difíceis, várias noites sem dormir, mas o *conatus* estava em alta e os momentos de alegria se tornaram muito mais recorrentes. Recorrência essa que foi aumentando ao longo do tempo.

Muito frequentemente me chamam para fazer palestras em eventos de empreendedorismo e, quase sem exceção, solicitam-me para dar um depoimento de incentivo para aqueles que querem empreender. Normalmente, eu alerto a quem me pede isso: digo que, provavelmente, eu não direi o que imagino que queiram ouvir. Todavia, pedem-me para falar, mesmo assim. No meu depoimento, sempre repito que a vida de empreendedor confirmou a preocupação dos que tentaram me dissuadir. As variáveis a que nos deparamos no dia a dia eram muito mais numerosas e fora de controle do que imaginávamos. No entanto, felizmente deu certo. Mas teria tudo para dar errado, pois as possibilidades de insucesso eram muito maiores. A irresponsabilidade da decisão tomada se confirma. Se o tempo voltasse, pensando hoje menos com o desejo e mais com a razão, não escapo de dizer que a decisão correta, com as varáveis disponíveis naquele momento, seria a de continuar trabalhando na operadora. Não digo isso pelo momento atual, pois não teria como profetizar no passado que a conjuntura futura seria favorável, mas pelos riscos existentes até chegar aqui. Porém, ainda que eu soubesse disso no passado, é provável que tivesse me arriscado novamente, pois a tristeza que iria sentir em sufocar meu desejo seria bem maior do que a tristeza provocada por um provável insucesso na iniciativa de empreender, ainda que o futuro tenha sido favorável.

Entretanto, a vida nos ensina que a receita que vale para mim não vale para os outros. Cada um tem sua *dynamis*, e as relações de afeto com o mundo em que estamos inseridos são muito dinâmicas, distintas para cada indivíduo e fora de controle.

Continuando no tema da inovação ao empreender, não é por coincidência que as inovações radicais ocorrem com mais frequência em empresas novas ou *startups* (empresa recém-inaugurada). Em primeiro lugar, porque a *startup* precisa, necessariamente, capturar um mercado inexplorado, ou tirar mercado de algum concorrente já estabelecido, caso contrário não teria razão de existir.

Para ganhar mercado, o caminho mais promissor é através de um produto ou serviço inovador. Se uma *startup* simplesmente replicasse o que já existe no mercado, ela teria bastante dificuldade em competir com alguém já estabelecido, com reputação já firmada, com maturidade naquele segmento e, possivelmente, com muito mais capacidade de investimento. Portanto, a coragem de empreender e inovar caminham juntas, uma estimulando a outra. Esse ponto é muito relevante, pois empreender sem trazer uma inovação para o mercado diminui muito as chances de sucesso. Já é difícil mesmo quando se tem um produto muito inovador, pois o empreendedorismo exige muito mais do que uma inovação: ele exige capacidade de relacionamento, capacidade de administrar uma empresa, de vender, de comunicar bem o seu produto, de criar sua rede de distribuição, de controlar as finanças, de saber contratar, de saber liderar, enfim, uma série de atributos fundamentais para que um empreendimento novo dê certo. Mas se todas essas capacidades existem e aquilo que se leva para o mercado não é inovador, as chances diminuem radicalmente. Dizendo de outra forma: a inovação é uma condição quase sempre necessária, mas não suficiente, para o crescimento de uma empresa nova.

Outro aspecto, que é igualmente importante para reforçar a questão do empreendedorismo caminhando lado a lado com a inovação, é destacar que empresas grandes, maduras, já estabelecidas, costumam trilhar um caminho já consagrado. Como diriam os especialistas em administração, elas costumam apostar mais em suas vacas leiteiras, ou seja, nos produtos que geram receita, onde o retorno do investimento inicial já aconteceu e as margens começam a ficar altas. Quando você aposta em um produto muito novo e que é fruto de uma inovação radical, as coisas tornam-se ainda mais difíceis porque a empresa cai em uma incerteza muito grande para saber se o mercado realmente irá se sensibilizar com aquele novo produto, pois ele é tão inovador que você não tem histórico nem referências para ajudar na previsão de como será a sua aceitação ou o seu comportamento no mercado. É difícil conseguir fazer pesquisas e utilizar dados estatísticos para prever a aderência desse novo produto inovador, uma vez que nenhum consumidor conhece ainda o produto e nem a sua necessidade. Por outro lado, as empresas grandes têm custos fixos muito altos, uma vez que possuem diversos departamentos, cada qual executando um pedaço da atividade necessária para que aquele negócio como um todo funcione. Qualquer produto novo lançado carregará um percentual desse custo fixo, que pode inviabilizá-lo no momento inicial, com um mercado ainda incerto.

Uma *startup* tem os processos muito mais improvisados. Um mesmo profissional exerce diversas atividades diferentes e, com isso, a empresa se torna muito mais ágil, possui custo fixo muito menor e, obviamente, por ela estar entrando no mercado, a sua disposição em assumir riscos é muito maior. Na realidade, a inovação acaba sendo, nesse caso, quase que uma mitigação desse risco, diferente de uma empresa grande, onde a inovação muito radical pode fazer com que receitas previstas não aconteçam justamente por apostar em algo que, eventualmente, possa não dar certo. A *startup*, como não tem receita, deseja capturar o mercado de outras empresas já estabelecidas e até mesmo entrar em um mercado novo. A disposição ao risco passa a ser mais natural tanto para inovar quanto para empreender, o que exigirá muita coragem e energia alimentada pelo desejo de realização.

A coragem muitas vezes é citada como uma virtude presente tanto na inovação quanto no empreendedorismo. Eu acrescentaria uma outra virtude, que é também muito frequente na inovação e no empreendedorismo, que é a ousadia. Baruch Spinoza diria que a ousadia é o desejo pelo qual alguém é incitado a fazer, agir, algo a que seus iguais têm medo de expor-se. A ousadia poderia ser definida com o contrário da prudência. E será que a prudência poderia ser vista como uma virtude moral?

Pensadores da moralidade, como Imannuel Kant, diriam que não, uma vez que a prudência é interesseira. Ela pressupõe uma preocupação com as consequências da ação. Ela define os meios que levarão a determinado fim, de forma pragmática. Kant definiu a prudência como um imperativo hipotético, ou seja, uma ação necessária, mas condicionada a determinado fim, não tendo, por isso, valor moral. Assim, ela não poderia ser vista como um dever no sentido moral, já que o dever moral, na visão kantiana, é definido de forma absoluta, *a priori*, desinteressado, ou seja, sem considerar qualquer consequência da ação.

Max Weber tinha uma visão menos radical do que a de Kant ao definir uma ética da responsabilidade, a qual não abandona as convicções morais, mas não desconsidera as possíveis consequências ao definir a ação, que poderia ser denominada como uma ética da prudência.

Voltando bem mais no tempo, na Grécia antiga, Aristóteles definiu a prudência como uma virtude intelectual ligada à razão e caracterizada pela intenção prévia em definir a ação boa ou ruim em função das suas consequências para a humanidade.

A prudência só existe pelo temor gerado pela incerteza, pelos riscos, pelos fatores fora de controle que geram grande impacto nas consequências da ação. A ousadia é o seu contrário, pressupõe a coragem em definir a ação em detrimento dos riscos e incertezas envolvidos.

A inovação é recheada de ousadia e anda de mãos dadas com a incerteza, com o risco. Por isso, as empresas, predominantemente as grandes, têm enormes dificuldades em inovar, principalmente quando se trata de inovações radicais. A opção pelo mercado conhecido, por continuar investindo no produto ou serviço já consolidado que vem trazendo resultados, é, aparentemente, mais segura e mais cômoda.

O problema é que o mundo se transforma a cada segundo e o porto seguro de hoje pode vir a ser a peça de museu em pouco tempo, principalmente quando se trata do mercado de tecnologia. Costumo dizer que investir em tecnologia é como andar de bicicleta. Não se pode parar de pedalar. Se parar, cai.

A inovação tecnológica demanda altos investimentos em pesquisa e desenvolvimento, que muitas vezes não resultam em um produto comercial, em uma inovação de fato. Porém, mesmo quando resulta em um produto, há um investimento enorme já realizado que, na maioria das vezes, leva bastante tempo para trazer retorno para a empresa. Fora isso, quando a inovação é muito radical, ela exige mais tempo para que o mercado a perceba com valor, seu consumo cresça e se estabeleça de forma consolidada.

As inovações radicais, em muitos casos, são consumidas, inicialmente, pelos chamados *early adopters*, que fazem parte de um grupo pequeno de consumidores ávidos por novas tecnologias. Eles são os primeiros a adquirir produtos de uma tecnologia nova, ajudam a validar o produto e a formar opinião do mercado consumidor. O grande ponto, aqui, é que, quanto mais radical for a inovação, mais incertezas ela trará com relação ao retorno do investimento. E, como já dito, os investimentos em pesquisa e desenvolvimento, para que a inovação aconteça, são vultuosos e com retorno incerto. Mais do que com um retorno incerto, com um retorno que leva tempo para se equilibrar com o que foi investido. Isso faz com que as inovações gerem certa preocupação, ou, muitas vezes, tenham o investimento necessário contingenciado nas empresas e redirecionado para os produtos já consolidados, uma vez que investir naquilo que o mercado consumidor já reconhece como valioso é muito mais seguro. A grande questão é que é um seguro temporário. Uma determinada empresa pode não inovar, mas o seu concorrente irá fazê-lo, e, em pouco tempo, ela estará desatualizada. Quando se trata de inovação tecnológica, o tempo de obsolescência é ainda mais curto.

Retomando a questão da coragem e da ousadia, veremos que esse tema pode ter outro tipo de entendimento. Uma linha de pensadores como Spinoza, Nietzsche, Winnicott, dentre outros, que, apesar de divergirem em alguns aspectos, têm muitas similaridades em grande parte de suas obras ao tratarem desses temas.

Dito de formas ligeiramente diferentes por cada um, eles afirmam que o real, a vida, é insuportável (1)*. Por real entende-se, aqui, o que chamamos de realidade, ou seja, a nossa vida, a realidade que nos cerca, é insuportável, difícil de encarar. A falta de sentido da vida, o porquê de estarmos aqui, o porquê de existir algo além do nada, o porquê de nascermos e morrermos ou o porquê de desejarmos mais isso ou aquilo, sempre atormentou o homem.

Para suportar o real, diria Spinoza, ao invés de deixarmos fluir nossos afetos, criamos associações de imagens

---

* A numeração entre parênteses indica as referências da p. 201.

entre o presente e o já vivido, chamada por ele como "a ideia da ideia", baseada na busca incansável e inalcançável pelos ideais sociais e até religiosos; pelos troféus disponíveis em cada campo social a que estivermos inseridos. Outras vezes, fatos já vividos criam registros, marcas na nossa mente, que são projetadas no presente e no futuro, na ilusão de que a experiência já vivida irá se repetir.

A busca por esses ideais nos torna prisioneiros de uma vida com roteiro definido externamente, pela sociedade, à revelia das nossas pulsões, paixões, inclinações e demais afetos imanentes, impedindo-nos de observar e vivenciar o mundo à nossa volta, que nos é oferecido no seu ineditismo a cada segundo. Antes mesmo de nascermos começam os questionamentos se o bebê será menino ou menina. Após o nascimento, seremos orientados sobre o que vestir, o que comer e como se comportar em cada fase do nosso desenvolvimento. Quando adolescente começam os questionamentos se já estamos namorando, que profissão iremos seguir e, logo depois, as perguntas sobre emprego, casamento e, uma vez casados, quando virá o primeiro filho.

A nossa narrativa identitária é construída em grande parte pela sociedade, a nossa revelia, e uma eventual subversão a essa narrativa poderá nos expor a indesejáveis retaliações sociais. Nós nascemos imersos em uma sociedade que define condutas, padrões morais, éticos, e ideais a serem perseguidos. Somos guiados a uma vida predefinida sem nos darmos conta disso. Indo mais a fundo, poderíamos dizer que as nossas escolhas, seja na vida pessoal, ou profissional, na grande maioria das vezes é uma eterna busca pelos padrões preestabelecidos, pelo ideal social, numa corrida infindável pelo que a sociedade valoriza, por algo inatingível em sua plenitude. Nesse sentido, a sociedade caminha de forma a reforçar e repetir padrões, que até se renovam com o tempo, mas de forma bastante lenta, usualmente tomando toda uma geração ou gerações.

A inovação caminha na contramão disso. Pressupõe certa subversão. Uma quebra da ordem, um rompimento mais frequente com os padrões estabelecidos ou em períodos bem mais curtos, de forma a acompanhar de perto as transformações contínuas do mundo à nossa volta. A inovação encontra terreno fértil para germinar e florescer quando os indivíduos envolvidos conseguem se libertar de normas, de convicções enraizadas, e deixam fluir a sua criatividade, seus afetos ativos mais espontâneos e percebem o mundo sem preconceitos e com um olhar transformador.

Poucas realizações são tão prazerosas quanto a transformação de uma ideia em um produto inovador. Mais prazeroso, ainda, é quando esse produto causa efeitos positivos na sociedade, criando novos hábitos e melhorando a vida das pessoas.

Nietzsche dizia que a expressão artística é libertadora, fazendo com que deixemos fluir nossos afetos, aliviando a pressão que o cotidiano nos impõe pela busca dos ideais e nos livrando das decorrentes neuroses e frustrações que nos afetam negativamente, reduzindo nossa potência, como efeitos colaterais dessa busca.

O processo de geração de ideias e de sua transformação em inovação poderia ser visto como uma produção artística, como uma atividade de uso da criatividade, motivada pela livre expressão dos nossos afetos.

Além da coragem e da ousadia, a criatividade (2) também é uma virtude fundamental para o processo de inovação.

A criatividade poderia ser vista como a matéria-prima da inovação. Ela é a manifestação natural e desimpedida da essência de cada um, impulsionada pelo entusiasmo, pelo *conatus*, tendo a inovação como sua finalidade. No recém-nascido a criatividade começa a ser experimentada como uma forma de descoberta do "Eu", ou, dito de outra forma: a descoberta do mundo e do "Eu" se dá através da criatividade. O bebê, ao nascer, mantém uma simbiose com a mãe, não conseguindo perceber a existência de dois indivíduos, ou de dois "Eus". O "Eu" e o outro são criados de forma concomitante. Somente ao perceber a existência do outro – da mãe – é que conseguimos perceber a existência de nós mesmos.

Segundo Winnicott, um reconhecido psicanalista que viveu do final do século XIX até a última metade do século XX, se o ambiente em torno do recém-nascido for acolhedor, o bebê consegue vivenciar a ilusão de uma onipotência e experimentar a sensação de potência do ser. A criatividade se manifesta quando o bebê percebe, espontaneamente, o mundo real, descobrindo o que já existe e aumentando a sua autoconfiança, numa sensação de criação, ao invés de projetar no presente imagens ou delírios de experiências passadas, impedindo a descoberta do mundo real, que ocorreria se o ambiente fosse hostil ao bebê.

Portanto, a criatividade pode ser vista como uma manifestação do "Eu", da própria potência, do *conatus*. O adulto, muitas vezes, para suportar a realidade, a existência, projeta no presente experiências passadas, ofuscando a vivência do presente, do mundo a sua volta, numa espécie de reação, e se fechando para o novo. Segundo Winnicott, a receita para uma mente saudável e criativa é sempre buscar ser mais do que reagir. Spinoza chamou essa força, ou potência que lhe move para perseverar no seu ser, de *conatus*, ou de potência de agir.

Para perseverar no ser é preciso estar constantemente mudando, se adaptando, fugindo da conservação do seu estado e acompanhando as transformações ininterruptas do mundo a nossa volta, a expansão da vida e do *conatus*, sempre a favor do devir, permitindo e seguindo a passagem do tempo.

Sempre que nos sentimos ameaçados de alguma forma, ou para minimizar nossa percepção de risco, buscamos nos autoconservar, repetindo as experiências passadas que deram certo, inibindo a nossa adaptação às transformações do ambiente, reduzindo a nossa potência e inibindo a criatividade e a inovação.

A criatividade e o aumento do *conatus* caminham juntos, como um perseverar no próprio ser, interagindo com o devir. Se fosse possível medir a intensidade da manifestação da criatividade, perceberíamos que ela varia de pessoa para pessoa, e na mesma pessoa em momentos distintos. A interação com ambientes acolhedores faz crescer nossa autoconfiança, aumentando nosso potencial criativo. Ambientes hostis, ao contrário, tornam-nos reativos ao novo.

Spinoza defendia que corpo e mente, ou corpo pensante, em todos os indivíduos advêm da mesma substância única, real e imanente. Cada indivíduo é uma singularidade produzida por modificações nessa substância única, autoprodutora da vida, a qual ele chamava de Deus, que também poderia ser denominada de natureza.

O Deus de Spinoza não é uma figura transcendente e nem nós somos a sua imagem e semelhança. Cada um de nós, na sua individualidade única, constituímos um pedaço de Deus. A nossa finitude é essencial para a preservação de Deus. Ao invés de Deus ter morrido por nós, cada um de nós morre para que Deus exista. Einstein, quando questionado se acreditava em Deus, teria respondido: acredito no Deus de Spinoza.

Sendo cada um de nós um corpo pensante e imanente, pensamos, independente da nossa vontade, quando interagimos com o mundo, afetando e sendo afetado por ele. Como corpo pensante, ao me afetar, eu penso, eu sinto. Esse pensamento que surge, independente da nossa consciência, era denominado por Spinoza como "ideia do corpo". Eu posso ter consciência do que estou pensando ou sentindo, mas o pensamento, nesse caso, ocorre independente da consciência que tenho. O que costumamos chamar de pensamento, que surge a partir da consciência, ocorre depois da ideia do corpo, do pensar ao ser afetado, do sentir. Tal pensamento que surge a partir da consciência era denominado por Spinoza como "ideia da ideia", ou a ideia sobre a ideia do corpo, a qual ocorre depois do sentir, ou a partir da lembrança de experiências passadas, de sensações já vividas, que se projetam no presente, inibindo o sentir, inibindo a ideia do corpo.

O conhecimento do novo, a ideia inovadora, ocorre por combinação das imagens que surgem a partir da ideia do corpo, ao ser afetado, com as imagens de experiências vividas no passado. A associação de imagens passadas com imagens presentes pode se derivar em duas maneiras de percepção do novo, do atual:

1) Através de uma espécie de alucinação, que me faz adotar uma postura defensiva em relação ao novo, para me sentir seguro e me livrar das ameaças de novo, que não tenho controle, numa reação de autopreservação. Neste caso, a combinação de imagens passadas com imagens presentes é feita para transformar o presente no passado, e manter a ilusão de que tenho o controle sobre o presente, como se experiências passadas fossem sempre se comportar da mesma forma no presente. Na medida em que eu bloqueio a ideia do corpo, a percepção do presente, eu inibo a percepção do novo, a criatividade, a inovação.

2) Por outro lado, caso eu use as imagens passadas, já vividas, numa combinação espontânea com as imagens presentes, com a ideia do corpo, que são únicas e inéditas, apenas para permitir melhor conhecer o novo, a experiência será rica, propiciando um novo conhecimento ou até uma melhor compreensão das experiências passadas. Neste caso, estarei perseverando no meu próprio ser, sendo criativo e possibilitando o surgimento da inovação.

A criatividade, a inovação e o conhecimento do novo surgem a partir de uma relação inédita com o mundo a nossa volta, que, por sua vez, também é inédito, afetando e sendo afetado pelo mundo, sem inibição e por meio de uma relação ativa e afetiva com o que está a nossa volta.

Spinoza também categorizava os afetos entre ativos e passivos. Todos os afetos que provocam sentimentos de tristeza, redução de potência e baixa do *conatus* são passivos. Porém, não somente esses. Todos os afetos de alegria que sentimos a partir de um pensamento, por associação de imagens, pela ideia da ideia, substituindo a interação com o presente por experiências passadas, que se projetam no presente, também são afetos passivos. Os afetos ativos são somente os de alegria, gerados no presente a partir da interação inédita com o mundo, do sentir, da ideia do corpo ao ser afetado pelo mundo.

Os afetos de compreensão do mundo são ativos e podem ser muito intensos, superando os afetos passivos – ou passionais – em que eu sou causa parcial. Eu posso me afetar intensamente a partir da ideia do corpo, da interação com o presente, e superar com afetos ativos a intensidade dos afetos passivos. A sensação final dos afetos em nosso corpo é sempre uma resultante de vetores afetivos que podem estar em sentidos opostos, prevalecendo o mais intenso. Somente um afeto mais forte pode combater a sensação produzida por outro afeto.

Os afetos ativos, entre eles o entusiasmo, explicam-se pela nossa potência, pelo nosso *conatus*, e não como uma reação ou autodefesa. A criatividade pode ser definida como uma manifestação do nosso *conatus*, da nossa força vital, ao interagir com o mundo.

Nietzsche definia a liberdade como um determinismo em seguir o que vem de dentro, manifestado com entusiasmo, evitando seguir um caminho que não fosse o nosso. Para ele, a eternidade não é o perpétuo, mas a experiência de uma duração finita que nos parece eterna, como a sensação de tempo imanente que não passa. A vivência desse entusiasmo que permite a expressão da nossa criatividade, que vem da própria vida, produz aumento do nosso *conatus*, passando a ser mais nós em nós mesmos e permitindo com que a inovação floresça.

# 17

Na empresa de tecnologia onde atualmente trabalho, a qual fundei em 2008, nós inserimos, na programação de treinamentos internos, aulas de harmonia e percepção musical como forma de estimular a criatividade, elaborando um meio para que os afetos possam ser expressados. Em uma empresa de tecnologia formada, em sua grande maioria, por engenheiros, especialistas em informática, cientistas da computação ou de dados, tal iniciativa torna-se ainda mais importante. Engenheiros são treinados a trabalhar com normas, padrões, conceitos bem definidos, gerando um comportamento e uma percepção do mundo exageradamente racionalizada, buscando sempre modelar o mundo e, através de uma teoria, encontrar um padrão para explicar o que observa à sua volta.

Engenheiros têm dificuldade em se expressar e observar o mundo através dos sentidos. Eles têm dificuldade em perceber o comportamento afetivo que modela as reações e relações humanas. Por isso a introdução da música ajuda a estimular o aspecto mais sensitivo, percebendo melhor os afetos que circulam a todo o momento nas relações de cada um com o outro e com o mundo.

Outra iniciativa complementar à música foi a introdução de aulas de Filosofia como forma de estímulo a um questionamento mais apurado do mundo. Quem trabalha com ciência e tecnologia está sempre em busca de padrões e teorias que expliquem e modelem os desafios tecnológicos e científicos que surgem a partir da observação dos fenômenos. A filosofia aguça o questionamento, nos torna mais críticos, nos faz observar o mundo de uma maneira mais desconfiada, com menos certezas, e nos ajuda a quebrar normas enraizadas nas profundezas da nossa alma. Indo mais além, a filosofia nos treina a problematizar nossas observações acerca do mundo. Traz-nos as perguntas que os cientistas buscam por suas respostas de maneira menos preconceituosa. O preconceito, aqui, é no sentido de observar o mundo com padrões, com normas preestabelecidas. É deixar realmente perceber o que está acontecendo, sem fazer com que associações já definidas na nossa mente se sobreponham aos sentidos, à percepção.

A utilização da filosofia como ferramenta de gestão da inovação trouxe benefícios perceptíveis, porém difíceis de serem quantificados numericamente. Até porque a quantificação numérica caminharia na direção oposta do que se propõe a filosofia, transformando-a numa ciência exata. Esse é um papel já ocupado pela engenharia e pela informática, nas empresas de tecnologia.

Um dos papéis importantes da tecnologia é a observação do comportamento humano, da vida em sociedade e, principalmente, a criação de soluções que simplifiquem a vida das pessoas, muitas vezes modificando hábitos e despertando necessidades antes não percebidas. A filosofia pouco tem a contribuir na criação de soluções, mas muito contribui na interpretação do comportamento humano e da vida em sociedade, resultando que a tecnologia seja aplicada em soluções mais inovadoras.

É interessante observar que a introdução da filosofia num ambiente de trabalho, numa empresa de tecnologia, não só estimulou as pessoas a serem mais questionadoras, a perceberem o mundo de maneira mais crítica, mas, também, incentivou a relação entre elas, melhorando o ambiente de trabalho.

A filosofia proporciona ferramentas que ajudam a dissolver os conflitos internos em uma empresa. As áreas e departamentos internos, de algumas empresas, se fecham em guetos, que são formados com o objetivo de disputa política por poder interno, ou mesmo por vaidade. Novas descobertas e conhecimentos em tecnologias específicas são muitas vezes sonegadas do restante da empresa, para serem usadas como trunfos na disputa de poder ou como forma de reconhecimento, prejudicando o processo de inovação.

Esse tema remete a uma questão ética importante. Entendendo-se por ética as atitudes e comportamentos visando uma melhor convivência. A palavra ética ficou muito gasta nos últimos tempos e, usualmente, o senso comum costuma associá-la às práticas de corrupção e fraude nas empresas. Estes temas estão associados à ética porque são formas de privilégio dos interesses individuais, em desfavor da convivência, do coletivo. Da mesma forma, as práticas de sonegação de informações, entre áreas de uma empresa, são atitudes na contramão dos interesses do coletivo, da empresa, em favor dos interesses de um subgrupo. O que muitos não percebem é que as atitudes individualistas, em detrimento do coletivo, podem ser benéficas ao indivíduo no curto prazo, ou numa análise pontual dos seus efeitos. A longo prazo, normalmente a falta de ética se volta contra o próprio indivíduo, como parte integrante daquele grupo. Um exemplo muito comum desse tipo de situação acontece no futebol. Frequentemente vemos jogadores supertalentosos usarem seus múltiplos recursos técnicos como forma de valorização individual, à revelia da equipe. O resultado disso acaba sendo a derrota do time, que prejudicará toda a equipe, incluindo o craque individualista. Sendo a inovação em uma empresa uma atividade coletiva, poderíamos dizer que o comportamento ético contribui para o seu êxito.

Por outro lado, quando os profissionais entram em contato com uma visão mais humana e menos competitiva do mundo corporativo, estimulando essa observação mais crítica do mundo, passam a interagir mais, dentro e fora do ambiente de trabalho. Existem relatos de pessoas que mudaram o comportamento em casa a partir do contato com a filosofia, passando a ser mais críticas e, muitas vezes, intrigando o cônjuge. A filosofia, ou qualquer conhecimento novo não dogmático, que nos ajude a entender melhor a nossa vida e a sociedade a nossa volta, proporcionam um benefício que vai muito além do ambiente profissional.

Até por isso que muitos dos temas abordados neste livro são apresentados sob diferentes aspectos, para mostrar que não existe uma única verdade absoluta sobre o que observamos e vivemos. O objetivo é tentar estimular o senso crítico do leitor, para que cada um formule suas próprias respostas sobre o que se observa no dia a dia.

Acredito que é a partir desse comportamento que a inovação realmente começa a fluir de uma maneira mais natural. Costumo comentar que uma pessoa não acorda, em um determinado dia, dizendo: serei inovador hoje; ou uma empresa resolve reunir todos os funcionários em uma sala de reuniões e algum dirigente da empresa define: esta reunião será para sairmos daqui com uma inovação. Iremos inovar agora, porque assim foi decidido.

A criatividade, a observação do mundo não funciona de forma planejada, estratégica. Deve ser algo mais contínuo, mais natural, já presente no seu comportamento diário e não através de um momento específico em que se toma a decisão de inovar, seja ele impositivo ou não. Por isso que a filosofia, e também a música, se mostraram ferramentas bastante eficientes na gestão da inovação, seja pelo estímulo da criatividade, por deixar fluir nossos afetos, como, também, para criar uma mentalidade mais crítica, mais questionadora.

Aguçar a observação do mundo, perceber que ele se transforma a cada segundo, e somente através da percepção dessa transformação é que se consegue inovar. Dito de uma forma mais profunda, inovar talvez seja acompanhar essa transformação, que acontece à nossa revelia, de forma inexorável, a cada instante.

# 18

Em uma época onde a reciclagem, a contenção de desperdícios, a redução de custos, a racionalização no uso de recursos estão cada vez mais presentes no nosso dia a dia, o conceito de inovação aberta torna-se mais importante e se consolida como um caminho quase que mandatório e mais ético. O termo surgiu há pouco mais de uma década, a partir da tese de doutorado do Professor Henry Chesbrough, na Universidade de Berkeley, na Califórnia, Estados Unidos. A inovação aberta tem a colaboração como característica principal.

A colaboração pode ocorrer entre empresas, entre empresas e universidades, ou institutos de ciência e tecnologia, ou por meio de comunidades de pesquisadores. Com a globalização, o crescimento e a disseminação das redes sociais nos mais variados segmentos, a colaboração dispõe de inúmeras ferramentas de conectividade em rede e de comunicação, tornando a sua implementação bem mais fácil e eficiente.

Um dos mitos que vem sendo superado, porém, que ainda persiste em algumas empresas, é o de achar que a inovação sempre irá surgir de um esforço concentrado da sua área interna de pesquisa e desenvolvimento, seja através de uma ideia mirabolante ou de uma invenção extraordinária. O problema é que ideias e invenções geniais são raras e, muitas vezes, dependem de muito recurso e conhecimento especializado para serem colocadas em prática. Isso tudo sem a garantia de sucesso, ou seja, sem a certeza de que se tornarão uma invenção para a empresa.

Foi-se o tempo em que toda a tecnologia e processos envolvidos no desenvolvimento de um produto eram 100% desenvolvidos internamente pela empresa proprietária do produto, que é a chamada inovação fechada. Com tantas áreas do conhecimento altamente especializadas, não faz sentido uma empresa querer se aperfeiçoar em todas as tecnologias envolvidas para poder inovar. A diferenciação exige, cada vez mais, especialização. Para ser eficiente, uma empresa deve focar naquilo que conhece melhor, que é a sua verdadeira área de atuação, e buscar os demais conhecimentos externamente, como, por exemplo, em uma rede colaborativa.

A especialização em todas as áreas do conhecimento tecnológico, ou seja, a opção de internalizar toda a tecnologia presente na solução, é inviável no atual ambiente competitivo. Normalmente, cada tecnologia nova, envolvida em um produto, demanda intenso conhecimento específico e anos de pesquisa para se tornar madura. Portanto, especializar-se em tudo é ineficiente, tanto pela perda de agilidade quanto pelo custo envolvido, deixando a empresa menos competitiva.

Na história da inovação tecnológica há diversos casos de invenções que foram descartadas pela empresa que as patrocinou, mas que se transformaram em inovações de grande sucesso em outra empresa. O problema é que, muitas vezes, essa situação ocorreu por acaso, sem benefícios para a empresa que deu origem à invenção. E, da mesma forma que o acaso fez com que a criação não se perdesse e fosse reaproveitada, em diversos outros – eu diria na grande maioria dos casos – isso não aconteceu e a invenção ficou perdida, tendo consumido recursos que nunca trarão retorno para a sociedade.

Um caso clássico e muito conhecido de uma invenção produzida por uma empresa e que é útil para ela, porém também é para outra, foi a do mouse de computador, que revolucionou a forma de o usuário interagir com o computador. Hoje, após mais de trinta anos do seu lançamento, o mouse ainda continua sendo amplamente utilizado, com poucas modificações no seu formato original. Esse acessório foi inventado pela área de pesquisa e desenvolvimento da Xerox®, que não viu utilidade nele para ser incorporado e inovar sua linha de produtos. A Apple® incorporou esse invento após tê-lo aperfeiçoado e reduzido o seu custo, e o lançou como acessório inovador da sua linha de computadores pessoais, o Macintosh, tornando-se uma das maiores inovações desse segmento na década de 1980. Naquela época, a Apple® era uma empresa de pequeno porte. Já a Xerox® era gigantesca. Hoje, a Apple® é muito maior do que a Xerox®, tendo como um dos pontos de partida mais relevantes do seu crescimento, justamente, uma inovação gerada a partir de uma invenção de outra empresa, da Xerox®.

A inovação aberta é um caminho inteligente para superar essa ineficiência. Quantas invenções geniais devem ter sido descartadas na evolução tecnológica e que poderiam ter sido úteis se tivessem sido disponibilizadas ao mercado. Há situações em que a empresa desenvolve alguma tecnologia, mas que não tem aplicação em seu contexto. Outras vezes, a invenção tecnológica é útil para compor o produto final da empresa, mas não é a inovação principal que diferencia o produto. Porém, poderia ser benéfico em outras empresas não concorrentes ou não diretamente concorrentes. Em ambos os casos, a empresa tem a possibilidade de comercializar tal invenção com outras empresas e evitar que o investimento feito seja jogado fora. Ou, então, limitar o retorno que tal inovação poderia gerar na outra empresa.

A comercialização pode ser feita através da venda da propriedade intelectual da tecnologia desenvolvida, ou licenciando-a para terceiros. Há, ainda, a possibilidade de investir na abertura de novas empresas, como uma *spin off* (nova empresa criada a partir de um pedaço de uma outra empresa), de forma que essa nova tecnologia seja explorada dentro de um novo negócio que tenha esse desenvolvimento como inovação principal do produto.

Em um sentido contrário, a empresa também pode comprar ou alugar uma tecnologia desenvolvida externamente e, outras vezes, quando se tratar de uma tecnologia mais estratégica para o seu negócio, pode ocorrer, também, a compra da empresa criadora da tecnologia, o chamado *spin in*. Em muitos casos, antes mesmo da inovação ser concluída, pode haver colaboração entre grupos de pesquisa e desenvolvimento de empresas distintas, as chamadas redes ou comunidades de inovação aberta. Atualmente existem diversos eventos regulares que são organizados para promover a troca de experiências tecnológicas e incentivar a concretização da inovação aberta.

Obviamente, o caminho da inovação fechada para a aberta não surgiu repentinamente, e tampouco está concluído em diversas empresas. Houve uma evolução onde as empresas começaram, gradualmente, a abrir seus departamentos de pesquisa e desenvolvimento – que, muitas vezes, eram ilhas praticamente isoladas na empresa – primeiro para interagirem com outras áreas da empresa e, depois, com seus fornecedores, seus clientes. Em seguida, envolviam universidades e centros de pesquisa, até chegarem ao modelo atual com comunidades organizadas de inovação aberta.

# 19

Um tema importante quando se fala de inovação no mundo dos negócios são as políticas de incentivo e a regulamentação envolvendo o tema. No mundo, principalmente nos países desenvolvidos e em desenvolvimento, existem políticas específicas para o incentivo à inovação.

No Brasil, por exemplo, existe a Lei do Bem, criada há aproximadamente dez anos, e que permite uma redução da carga fiscal para as empresas inovadoras.

O grande problema desse tipo de lei é que o incentivo fiscal só acontece sobre o lucro da empresa, em cima da redução dos impostos pagos sobre o lucro. A dificuldade é que as empresas que mais inovam geralmente são as *startups*, com poucos anos de vida, as quais dificilmente terão margem de lucro em seus primeiros anos de atividade. Com um incentivo que acontece justamente sobre o lucro, tais empresas não conseguem alcançar esse benefício, pois dificilmente têm lucro nos seus primeiros anos de existência. Além disso, no Brasil a carga tributária é muito pesada sobre o valor da venda do produto e não somente em cima da margem de lucro das empresas.

Em alguns outros países, como no Canadá, existem incentivos que ocorrem mesmo em uma fase em que a empresa ainda não aufere lucros com o seu negócio.

Por outro lado, existem as agências de incentivo. No Brasil, há a Finep, além de outras instituições estaduais como a Faperj, no Rio de Janeiro, e a Fapesp, em São Paulo. Tais organizações estaduais financiam universidades e institutos de ciência e tecnologia. Quando eles fazem parceria com empresas, fundamentalmente é necessário o envolvimento de universidades e institutos de pesquisa, para que o financiamento ocorra. Às vezes eles financiam o próprio pesquisador, desde que ele esteja vinculado a alguma instituição, financiando, assim, um projeto de pesquisa e desenvolvimento.

Já a Finep atua tanto investindo em institutos de ciência e tecnologia, em universidades como, também, em empresas.

Quando os incentivos às empresas são em forma de empréstimo, ainda que com juros subsidiados, a primeira grande dificuldade são as garantias. Isto faz voltar a questão das empresas novas e pequenas, as *startups*, que não têm ativos para colocar como garantia do financiamento. Por outro lado, ainda que essas garantias sejam superadas, quando se trata de um projeto de pesquisa e desenvolvimento que visa uma inovação, não há certeza de que aquilo se concretizará produzindo uma inovação, gerando o resultado esperado no mercado. Muitas vezes, as empresas pequenas têm um receio grande em relação ao risco de contrair um empréstimo e, depois, não conseguir honrar com o seu pagamento.

Existem outros programas, chamados de subvenção econômica, onde o recurso investido no projeto – tanto em empresas quanto em universidades – é a fundo perdido, ou seja, a Finep aposta na inovação, no projeto, e assume o risco de que ele possa não dar certo. Obviamente não é qualquer projeto que pode se candidatar a subvenção econômica. Tem de ser projetos com alto grau de inovação, com grande potencial de retorno para a empresa e em temas estratégicos para o país. Tais projetos e a empresa que irá conduzi-lo são criteriosamente avaliados e somente os melhores projetos são aprovados.

A subvenção econômica acontece também nas instituições estaduais – Faperj, Fapesp e outras – onde uma parte dos empréstimos é a fundo perdido, mas, neste caso, somente os institutos de pesquisa e desenvolvimento e as universidades costumam ser contempladas com esse tipo de incentivo.

No caso da Finep, a subvenção econômica pode ser aplicada também às empresas. Porém vê-se uma distorção, pois empresas de grande porte também participam de tal investimento e, a meu ver, ainda que empresas grandes pudessem participar, a balança deveria ser muito mais pendente para o lado de empresas menores, que é onde realmente surgem ideias novas. As pequenas e médias empresas, as PMEs, têm potencial para alavancar toda uma economia de um país, caso obtivessem mais incentivos nos momentos iniciais de sua criação. Em alguns casos, produtos fantásticos e ideias extraordinárias gerados nas PMEs são desperdiçados, porque a empresa não tem fôlego para percorrer toda a cadeia de valor e chegar ao mercado de uma forma que consiga comercializar seus produtos e ter o retorno do investimento.

Essa subvenção econômica, que existiu na Finep durante certo tempo, nos últimos quatro a cinco anos tem sido muito rara, caso tenha ocorrido. Essa falta de políticas de incentivo – tanto no caso de redução de carga tributária, que poderia incentivar empresas em seu momento inicial de desenvolvimento de produto e ida para o mercado, quanto nos incentivos para um projeto específico que traga uma grande contribuição de inovação, muitas vezes para o país como um todo – coloca o país numa grande desvantagem competitiva em relação a outros, que têm políticas claras e de longo prazo de incentivo à inovação.

Em outros países há o incentivo tanto para empresas lá fundadas como também para empresas vindas de outros países, incluindo o Brasil, para que lá se estabeleçam, tendo em contrapartida uma série de incentivos em pesquisa e desenvolvimento de novos produtos e também para o estabelecimento da empresa no país, em seus primeiros anos. Dentre esses países, eu destacaria a Suíça, a Bélgica, o Canadá, a França, o Reino Unido e a Irlanda. Em todos eles os programas de incentivo para que empresas nascidas fora do país se estabeleçam por lá são enormes e muito bem-estruturados. Eles possuem agências dedicadas a esse propósito nos países-alvo, normalmente ligadas ao consulado estabelecido no país.

Um livro sobre inovação não poderia deixar de abordar um tema que preocupa muito os inventores, os detentores de ideias geniais, os criadores de obras artísticas e os agentes da inovação, que é a de como proteger o produto inovador, a invenção, a ideia revolucionária ou, dito de outra forma, como evitar que ela seja copiada pelo seu concorrente. Muitas vezes um produto é copiado mesmo antes do seu lançamento no mercado.

A indústria ou a legislação preveem mecanismos para proteção da Propriedade Intelectual, que, de forma simplificada, pode ser dividida em dois subgrupos: a proteção do direito autoral e a proteção da propriedade industrial.

A proteção dada pelo direito autoral envolve obras artísticas, músicas, obras literárias, *layout* de uma página na internet e também software. Já a proteção vinda da propriedade industrial engloba marcas, patentes e desenhos industriais. A patente protege uma invenção, desde que a mesma esteja materializada em uma solução técnica e seja algo efetivamente novo, inédito, que possa ser reproduzido em um protótipo, com características únicas no mercado. Juridicamente, a patente poderia ser vista como uma propriedade exclusiva dada ao autor da invenção, por um período de 20 anos. Entende-se que quem inventou uma nova solução tenha um tempo para recuperar o investimento feito para seu desenvolvimento, antes que outro possa fazê-lo igual, copiando a sua ideia. A patente serve a esse propósito, e dura um tempo determinado, que, após vencido, se torna domínio público e outros podem fazer igual.

Isso aconteceu, por exemplo, em uma invenção que quase todos conhecem, que é a máquina de fazer café com cápsulas: o processo foi inventado por uma empresa, a qual foi detentora da patente durante muitos anos sem que outros concorrentes pudessem fazer igual – poderiam fazer de forma similar, mas não exatamente igual. Recentemente, a patente foi quebrada, surgindo vários concorrentes, fazendo com que a ex-dententora da patente tivesse que reduzir drasticamente o preço das cápsulas para se manter competitiva.

Tais processos de registro de propriedade intelectual têm que ser realizados país a país. A Comunidade Europeia, que agrega vários países, permite a junção de todos eles dentro da mesma forma de proteção ou de geração da patente. Normalmente esses são processos demorados, caros, que demandam esforço e investimento.

No Brasil, especialmente, o processo de geração de patente é muito moroso, custoso, levando vários anos para sua conclusão. Quando se fala no mundo de tecnologia, esses anos tornam-se quase uma eternidade, uma vez que a tecnologia evolui muito rápido e não espera os trâmites burocráticos necessários para proteger uma inovação.

No caso do direito autoral, ele não está associado a uma solução técnica material, mas a um conjunto de criações artísticas ou ideias aplicadas que resultaram em algum produto comercializável, seja ele um software ou uma obra de arte, com características efetivamente inéditas. O software, por ser classificado como intangível e composto por um conjunto de métodos e fórmulas, não é coberto pela patente, mas pelo direito autoral.

Um equívoco muito comum, quando as pessoas estão preocupadas em proteger o direito autoral, de forma a garantir que exista um registro de que aquele produto foi desenvolvido por determinada empresa, é o de se verem obrigadas a buscar órgãos públicos específicos para registro da Propriedade Intelectual – como no Brasil, o Instituto Nacional de Propriedade Industrial, Inpi – para fazer o registro do direito autoral. Na realidade, o que a legislação diz é que deve ser demonstrada antecedência, de forma a assegurar que, caso surja alguém copiando a sua ideia, possa se provar quem foi o autor original. Assim, o registro de um direito autoral no Inpi serve muito mais para utilizar o Instituto como um fiel depositário da descrição detalhada da obra que pleiteia proteção do direito autoral. O registro está associado a determinado momento no tempo. Portanto, caso, no futuro, haja uma disputa e alguém questione a propriedade daquela obra, é possível demonstrar antecedência. Porém, isso também pode ser feito de outras formas, como, por exemplo, depositando em um cartório, que terá o mesmo efeito do que registrar no Inpi. É possível proteger, também, e de uma outra forma menos segura, mas mais simples, bastando que haja como comprovar que a obra ou o software tenha sido demonstrado para determinados clientes, seja através de apresentações, de *folders* em um momento do tempo que comprove a antecedência.

Outras vezes, quando essa antecedência não está muito clara, evidente, por ter havido descuido do autor, e a questão tenha caminhado para uma disputa jurídica, verificam-se, muitas vezes, características peculiares na construção do produto que conferem uma espécie de assinatura de sua autoria. Por isso, recomenda-se, para o caso de desenvolvimento de software, que se coloque, no meio do código, peculiaridades únicas do autor, tais como: um apelido qualquer, uma data, ou o nome da mãe, irmãos, feito de forma a não interferir na execução do código, mas que permita a identificação de sua autoria. Isso porque, muitas vezes, o copiador simplesmente copia sem entender detalhes do que está sendo copiado, sem prestar atenção ao significado de cada uma das linhas de código. Esses registros, que são como assinaturas, ao longo do código, servem para comprovar quem desenvolveu aquele produto.

Algumas vezes, mesmo havendo todo esse cuidado, essa questão da propriedade intelectual pode ser muito sutil. Entre uma forma nova, inovadora, de se fazer algum produto, serviço ou processo, existem pequenas diferenças que se colocam no limiar entre uma cópia e algo muito parecido que envolveu questões de domínio público, chegando-se a um resultado muito parecido, mas não exatamente igual. Isso, muitas vezes, é usado como argumento dos que copiam ideias, dizendo que elas não foram copiadas e se basearam em elementos de domínio público para serem criadas, e que ninguém é proprietário da forma de pensar de cada um. Defendendo a tese de que, a partir de um mesmo conjunto de ferramentas e informações disponíveis no mercado, duas pessoas, de forma independente, criaram algo parecido.

Sobre esse último tema, eu gosto de citar um exemplo gastronômico. Quando se faz uma receita de um prato inovador, novo, aquilo envolve uma série de ingredientes que qualquer pessoa tem acesso, seja indo na feira ou no supermercado. Mas a forma de combiná-los na quantidade, na ordem de se colocar e como manipulá-los para que se transformem em uma nova receita, apenas o criador original fez, ainda que toda a matéria-prima utilizada seja de domínio público.

Há um caso famoso, que virou até filme nos Estados Unidos, chamado *Flash of Genious*, que trata do caso de um inventor americano chamado Robert Kearns, que desenvolveu o temporizador do limpador de para-brisas. Sua invenção foi copiada pela Ford, e ele entrou com um processo contra a empresa.

A grande inovação do temporizador de um limpador de para-brisa é a possibilidade de haver diferentes velocidades de oscilação do limpador adequadas para a intensidade da chuva que está caindo no momento. Antes dessa invenção, os limpadores de para-brisa tinham uma única velocidade quando estavam ligados; ou estavam desligados e, portanto, sem movimento. O Robert Kearns criou diferentes intensidades de oscilação e uma intermitente para quando a chuva está muito fraca.

A Ford copiou essa ideia e quando estavam nos tribunais o grande argumento deles foi de que eles não copiaram nada, porque aquela invenção era, na realidade, baseada em um conjunto de componentes eletrônicos, aos quais qualquer pessoa teria acesso, baseada em capacitores e resistores, e bastava ligar um com o outro para criar aquele temporizador.

A defesa do Robert Kearns utilizou o argumento de que as palavras e o vocabulário da língua inglesa também são de domínio público. A defesa pegou a obra de um escritor americano famoso chamado Mark Twain e mostrou que ela ou qualquer outra obra dele, apesar de todo o seu conteúdo ser baseado em palavras de domínio público, estava organizada de forma a produzir um conteúdo literário que somente o autor, Mark Twain, fez.

Portanto, quando se trata do mercado de tecnologia, ainda que existam todos esses mecanismos de proteção da propriedade intelectual, da invenção, é difícil controlar tudo o que acontece no mercado. Muitas vezes o inventor nem sabe o que está acontecendo no mercado e, quando percebe, já se passou muito tempo, ou, às vezes, ele não tem recursos ou disponibilidade de tempo suficiente para enfrentar uma disputa judicial.

Talvez a maior proteção que exista no mercado de tecnologia, de inovação tecnológica, é a velocidade. É estar sempre inovando, sem parar, investindo muito em pesquisa e desenvolvimento, em ideias novas, para que novas inovações sejam sempre incorporadas no portfólio de produtos, e com um intervalo de tempo cada vez menor, de forma que, ainda que haja cópia, quando alguém copiar uma ideia, o criador já estará em outro estágio e aquele plágio terá pouco efeito. O importante é sempre largar na frente e conseguir fôlego para estar com um ritmo que se consiga manter uma boa distância dos concorrentes.

# 20

Quando se está em uma empresa e se quer começar um processo de inovação a dúvida típica é: por onde deve começar. Em muitas vezes se pensa que deve estimular a geração de novas ideias. O problema é que uma ideia nova, por mais que ela seja genial, demanda investimento e tempo para que seja avaliado se aquilo se transformará em produto e se terá retorno no mercado. O investimento que é feito no desenvolvimento de um produto é alto. E mesmo que exista a preocupação no momento da geração da ideia, se há viabilidade ou não, às vezes só se descobre a sua viabilidade ou inviabilidade depois de já ter investido muito dinheiro no seu desenvolvimento, protótipo etc. Nem sempre é simples conseguir identificar, quando uma ideia é muito nova, qual será o impacto dela no mercado. Até porque se a ideia for extremamente inovadora, produzindo uma inovação radical, em grande parte das vezes nem existe mercado constituído para ser avaliado. Está sendo criado um produto novo, o qual não tem competidores, e somente se saberá o impacto dele no mercado depois que o produto tiver sido mostrado e oferecido aos consumidores.

Algo que é muito utilizado nos processos iniciais de inovação é observar o que outros, dentro do mesmo segmento, estão fazendo e tentar não partir do zero, aproveitando ideias que já existem e já funcionam no concorrente, com uma espécie de cópia do conceito geral, mas implementado de forma diferente, pois se copiar exatamente igual ao que o concorrente fez, no momento em que você fizer o lançamento no mercado, o seu concorrente já terá lançado uma outra versão, com novas funcionalidades, e você estará sempre para trás. Primeiro, porque você começou muito depois e, segundo, porque o seu concorrente já é referência no mercado, pois foi o primeiro a ter lançado o produto. Para se conseguir tomar os pedidos e clientes do seu concorrente é necessário fazer algo a mais, ainda que se parta de um conceito já existente.

A cópia – no sentido de copiar o conceito, mas não replicar exatamente o que o seu concorrente faz – é muito utilizada no mercado quando se deseja iniciar um processo de inovação. Se expandirmos esse conceito, saindo de uma empresa e pensando em uma nação, ao longo da história podemos observar – no final do século XIX e início do XX – quando os Estados Unidos começaram a despontar como uma potência tecnológica e inovadora, muitas coisas que eles faziam eram cópias do que já existia na Inglaterra, porém mais aprimorada. E por que a Inglaterra? Porque ela era a referência anterior aos Estados Unidos. Depois veio o Japão, que também copiou as ideias americanas, só que implementando-as de forma diferente e criando novas funcionalidades em cima de conceitos já existentes. Mais à frente, vimos a Coreia do Sul fazer o mesmo em relação ao Japão. Por último, em torno de 20 a 25 anos atrás, a China seguiu esse processo, mas copiando todos os outros.

Se lembrarmos da China 30 anos atrás, ela não era nenhuma referência no campo tecnológico e da inovação. Partindo do zero, ela começou copiando, principalmente os americanos e japoneses, mas, também, os sul-coreanos e outros ao redor do mundo, até que, em determinado ponto, ela atingiu a maturidade do seu processo tecnológico, de pesquisa, desenvolvimento, inovação, e começou a criar coisas efetivamente novas, inovações radicais, que começaram a gerar uma série de patentes para a China, que não ocorria nos anos iniciais de seus grandes investimentos em pesquisa e desenvolvimento.

Quando olhamos para esse mercado de criação e inovação, precisamos saber lidar muito bem com a questão da propriedade intelectual, da patente e da cópia. Como já dito, é sempre um movimento muito sutil entre uma cópia ou simplesmente adotar um conceito similar. Da mesma forma é necessário haver sempre uma preocupação – a qual eu acho que não deva ser exagerada, mas deve existir – em todo o processo, de forma a procurar ter bem documentado o que está sendo desenvolvido, para quando surgir alguma funcionalidade efetivamente inédita, às vezes revolucionária, iniciar um processo de registro ou patente. Porém, o mais importante, ainda que você copie o conceito, é sempre estar investindo em pesquisa, desenvolvimento e inovação, de forma que, apesar do produto ter partido de uma cópia conceitual, a sua implementação incorpora novas funcionalidades, diferenciando e superando o original.

# 21

A inovação constitui, portanto, um processo contínuo, e sem um final definido, de melhoria e adaptação ao mundo em que vivemos. Essa melhoria contínua pode desencadear algumas questões éticas. Nas últimas décadas temos visto um progresso muito grande da inteligência artificial, do *maching learning* (aprendizado das máquinas) e da biotecnologia.

A inteligência artificial e o *machine learning* trazem uma nova perspectiva para o futuro da humanidade, que mistura ficção científica alimentada pelo desconhecido e a nova realidade trazida por essas duas áreas da ciência. Uma pergunta logo é feita: As máquinas conseguiriam superar a capacidade humana? No que diz respeito à capacidade de armazenamento e de processamento veloz e de grande volume de dados, certamente sim. Mas será que as máquinas conseguiriam replicar nossos afetos, como amor, ódio, alegria, tristeza, esperança, temor etc.? Seria possível criar uma natureza computacional que desse conta de toda essa complexidade afetiva? Seria possível as máquinas possuírem alguns comportamentos humanos complexos como a ironia e o humor? Seria possível a "criatura" superar seu criador? Mais importante que isso, elas conseguiriam ser autônomas e livres para se responsabilizar por seus atos, passando a ser agentes morais? Muitos cientistas respeitados dizem que sim, e muitos, também respeitados, dizem que não. A minha percepção atual é de que existe um viés mais favorável para os que dizem que não.

A grande diferença da inteligência artificial, em conjunto com o *machine learning*, é que a forma de programar as máquinas, utilizando esses algoritmos, difere muito da tradicional, na qual o programa previa, em seu código, uma matriz de respostas (*outputs*) para cada possível *input* (entrada) que fosse dado na sua utilização. Já a inteligência artificial utiliza técnicas como algoritmos genéticos, redes neurais e outras que permitem que a máquina aprenda, na tentativa e erro, a partir de um treinamento inicial e de sua utilização, de forma a produzir resultados cada vez melhores ou mais precisos. Mas vejam, neste caso, ainda que as máquinas passem a ter certa autonomia, trata-se de uma autonomia muito limitada, com um oceano de distância para o ser humano, superando-o apenas nas capacidades de armazenamento e processamento de grande volume de dados em pouco tempo, mas ficando muito atrás em todos os demais quesitos.

Há um famoso experimento, conhecido como Teste de Turing, proposto em 1950 por Alan Turing, onde são colados, em um ambiente, um ser humano A no centro, que pode conversar com um outro ser humano B e uma máquina C. O ser humano B e a máquina C não conseguem trocar nenhum tipo de informação entre eles, de forma que um não consegue perceber a presença do outro. Tampouco o ser humano A sabe qual dos dois interlocutores é um humano ou uma máquina. O teste consiste no ser humano A, ao centro, fazer perguntas independentes para os dois interlocutores, de forma a descobrir qual é a máquina e qual o ser humano. Não importa no teste se as respostas estejam certas ou erradas, mas a capacidade de diferenciação entre humano e máquina num jogo de perguntas e respostas. Se não for possível distinguir quem é a máquina e o humano, significa que a máquina passou no Teste de Turing, podendo se igualar, ou, eventualmente, superar o ser humano.

No entanto, independente dessa questão de humanos *versus* máquinas, o mais importante é que a inteligência artificial tem produzido resultados fantásticos, que permitem aplicações antes inimagináveis, que têm sido muito aplicadas, principalmente, no reconhecimento de padrões para análise biométrica, na análise de imagens, nas correlações de dados etc., técnicas essas que são a base do funcionamento das plataformas de *Big Data Analytics*, mencionadas anteriormente.

Já a biotecnologia obteve enormes avanços recentes, principalmente após a conclusão do Projeto Genoma Humano (PGH), em 2003, que conseguiu mapear nosso código genético e, através dele, toda a estrutura biológica humana, que possibilitaria intervenções mais profundas na vida do ser humano.

Este tema tem fomentado muito uma área de estudo da filosofia, dentro da Bioética, conhecida como transumanismo, ou aprimoramento humano, ou ainda melhoramento humano (7). Ele traz à luz questões éticas ligadas à eugenia, que poderiam ser tanto usadas para terapia (eugenia negativa), como para o aprimoramento humano (eugenia positiva). A primeira questão ética que surge é sobre quais seriam as fronteiras entre a eugenia negativa e a positiva. A segunda questão é sobre a pertinência do argumento cuja premissa diz que o que foi produzido "artificialmente" pela biotecnologia é pior, sobre o ponto de vista ético, do que o que evoluiu naturalmente.

Entende-se por evolução natural o processo de seleção natural e evolução das espécies, teorizado por Charles Darwin, em que a espécie evolui no sentido de uma melhor adaptação ao ambiente, onde os mais fracos morrem cedo e os mais fortes vivem mais, de forma a reproduzirem mais e transmitirem seu código genético para as futuras gerações. Um ponto importante aqui é o tempo enorme que a natureza leva para produzir efeitos significativos através da evolução natural. Por que não utilizar a biotecnologia para reduzir esse tempo em benefício da humanidade?

Esse debate divide os pensadores contemporâneos em dois grupos: os bioconservadores e os transumanistas. Os bioconservadores são representados, principalmente, por Fukuyama, Sandel e Habermas. Do lado dos transumanistas temos Bostrom, Sandberg, Harris, Savulescu, Kahane, dentre outros.

Um argumento importante para ser adicionado nesse debate é de que estamos já submersos num conjunto de aprimoramentos humanos por todos os lados. Os antibióticos, os óculos, a bengala, a perna mecânica e uma infinidade de outros melhoramentos estão presentes no nosso dia a dia, contribuindo para uma vida mais confortável e mais longa. Qual o critério de seleção pelos bioconservadores do que é um melhoramento válido, sob o ponto de vista ético, e o que não é? Os próprios critérios não poderiam ser encarados como uma decisão não natural, que privilegia certos melhoramentos pela biotecnologia, em detrimento de outros? Tais critérios não poderiam privilegiar uma parte da humanidade em detrimento de outra? Esse é um debate longo, mas que tem mostrado argumentos, aparentemente, mais coerentes e consistentes pelos transumanistas. Mais do que isso, qual seria o argumento forte e coerente que estabelece que aquilo que é natural teria maior valor do que aquilo que é produzido pelo homem, através da ciência?

De todas as maneiras, a história das inovações tecnológicas nos mostra que diversas inovações, com impactos muito radicais na sociedade, foram muito questionadas, mas, com o decorrer do tempo, os seus benefícios se impuseram. Dito de outra forma, a história nos mostra que, cedo ou tarde, com mais ou menos resistência da sociedade, a inovação tecnológica acaba acontecendo. No entanto, isso não invalida as discussões sobre ética, que acaba por estabelecer alguns limites, que vão sendo alterados e refinados ao longo do tempo, na medida em que a sociedade e a tecnologia evoluem.

# 22

Há muito tempo frequento um restaurante situado no Bairro dos Jardins, em São Paulo. A lembrança de meu pai é inevitável. Com ele degustávamos, desde os anos de 1970, língua bovina ao molho madeira com purê de batatas. Recentemente, recebi a visita de um amigo residente em Buenos Aires e, animado, lhe propus conhecer a nossa forma de comer língua. À medida que ia relatando experiências, salivava antecipando esse prazer sempre renovado. Chegamos cedo ao restaurante para evitar as filas dominicais e fui logo dizendo ao garçom conhecido: "O de sempre. Meu amigo argentino veio somente para isso". "Professor", começou o garçom constrangido, "o chefe resolveu tirar a língua do cardápio". Sequer dei atenção às esfarrapadas explicações, justificativas bisonhas de uma iniciativa sem perdão. Para registrar minha repulsa, decidi comer qualquer outra coisa em qualquer outro lugar; afinal, era preciso que alguém, com estardalhaço, indicasse que nem toda a inovação alegra, agrada ou convém.

Lá estava eu, finalmente, no Aeroporto Leite Lopes em Ribeirão Preto, vindo de Brasília. Procurei, como de hábito, por uma placa com o nome "Clóvis" ou qualquer indicativo da empresa que me convidara. Sem encontrar nada, decidi esperar. Quando ninguém mais cruzava a porta de vidro, observei um senhor remanescente, encostado na parede, segurando uma folha onde se lia "J. Carlos".

– Acho que todos já desembarcaram, talvez tenha perdido o voo.

– É um palestrante, vou levá-lo até Araraquara – respondeu com desdenho e enfado.

Aliviado, esclareci que era eu.

– Mas e o senhor não me viu aqui? – repreendeu-me com petulância.

– Acontece que não me chamo "J. Carlos" – esclareci ríspido.

– "J. Carlos" sou eu – bradou o meu interlocutor. – De que adiantaria escrever "Clóvis" na placa, como todos fazem, se seu nome você já conhece?

No carro, fiquei pensando: Será mesmo que alguém poderia levar tão a sério o valor da inovação? E tendo o novo ou o diferente como referência, protagonizar cena tão absurda?

Talvez tenhamos mesmo que aceitar que o que sempre se fez não tira sua legitimidade só da repetição ou da tradição. Talvez seja mesmo uma boa maneira de solucionar problemas que sempre se repetiram, como o de chamar a atenção de alguém no aeroporto no momento do desembarque.

Se o novo não tem valor em si, o que poderia conferir-lhe esse valor? A excelência e sua busca incessante, porta aberta para uma vida desafiadora? Talvez possa ser boa referência. Assim, fazemos diferente do que sempre fizemos para poder tirar da nossa própria natureza uma pitada suplementar de perfeição.

Outra possibilidade é a de inovar pelo amor. Amor por alguém como nós. Amor que nos faz inventar para salvar, para alegrar, para enternecer, para reduzir a dor e a angústia. Uma inovação pelo amor.

Não há a menor dúvida de que quando a nossa iniciativa inovadora nos traz alegria, nos potencializa, nos revitaliza e nos distancia da morte, temos que aplaudi-la. E haveria ainda aqueles que poderiam sugerir que no momento de busca desesperada por valores garantidores de boa convivência – éticos, portanto – toda a iniciativa que preserve cotas equivalentes de felicidade para todos – ou que, pelo menos, almeje isso – já conta com a simpatia de muitos de nós, cansados de tanta canalhice.

O fato é que se ficarmos na mesma, fazendo sempre o mesmo, ou se decidirmos virar a página para fazer como nunca tínhamos feito antes, a verdade é que estaremos sempre convidados a pensar criticamente, a usar a nossa razão prática para identificar a natureza do valor de nossas condutas.

# Referências

(1) MARTINS, André. *O real insuportável, em Nietzsche, Spinoza e Winnicott* [Disciplina de doutorado em Filosofia, UFRJ, 2017].

(2) MARTINS, André. *Criatividade*. UFRJ [https://vimeo.com/167935422, abr/2017].

(3) SPINOZA, Baruch. *Ética*. São Paulo: Edusp, 2015.

(4) SALERNO, Mario Sérgio. *USP*: Gestão da Inovação. Veduca [http://veduca.org/p/gestao-da-inovacao]

(5) CHESBROUGH, Henry. *Inovação aberta*: Como prosperar no novo cenário da inovação. Porto Alegre: Bookman, 2012.

(6) CHESBROUGH, Henry. *Modelos de negócios abertos*: Como criar e lucrar com a tecnologia. Porto Alegre: Bookman, 2012.

(7) DIAS, Maria Clara & VILAÇA, Murilo. *Metamorfoses do humano*: Notas sobre o debate ético em torno da biotecnologia para o aperfeiçoamento humano. UFRJ, jun/2010.

(8) BUCHANAN, Allen. *Beyond humanity?* Nova York: Oxford University Press, 2011.

(9) SLOTERDIJK, Peter. *Regras para o parque humano*: uma resposta à carta de Heidegger sobre o humanismo [s.n.t.].

(10) BARROS FILHO, Clóvis & MEUCCI, Arthur. *A vida que vale a pena ser vivida*. Petrópolis: Vozes, 2010.

(11) COMTE-SPONVILLE, André. *Pequeno tratado das grandes virtudes*. São Paulo: Martins Fontes, 2016.

(12) NIETZSCHE, Friedrich. Além do bem e do mal. Petrópolis: Vozes, 2014.

(13) BARROS FILHO, Clóvis & POMPEU, Júlio. *A filosofia explica grandes questões da humanidade*. Rio de Janeiro: Casa da Palavra, 2014.

(14) BARROS FILHO, Clóvis; LOPES, Felipe & ISSLER, Bernardo. *Comunicação do Eu*: Ética e solidão. Petrópolis: Vozes, 2005.

(15) BOURDIEU, Pierre. *Razões práticas* – Sobre a Teoria da Ação. Campinas: Papirus, 1994.

(16) HOBBES, Thomas. *Leviatã*. São Paulo: Martin Claret, 2014.

(17) KANT, Immanuel. *Fundamentação da metafísica dos costumes*. Lisboa: Edições 70, 2011.

(18) DIAS, Maria Clara. *Sobre nós*: Expandindo as fronteiras da moralidade. Rio de Janeiro: Pirilampo, 2016.

(19) PLATÃO. *A república*. São Paulo: Martins Fontes, 2006.

(20) PLATÃO. *O banquete*. São Paulo: Edipro, 2012.

(21) ARISTÓTELES. Ética a *Nicômaco*. Brasília: UNB, 2001 [São Paulo: Estação liberdade, 2000].

(22) OCDE (Organização de Cooperação e Desenvolvimento Econômico). *Manual de Frascati*: Metodologia sobre pesquisa e desenvolvimento experimental. F. Iniciativas, 2013.